ANTROPOCENO, EPIDEMIAS E PANDEMIAS

Blucher

ANTROPOCENO, EPIDEMIAS E PANDEMIAS

Da pré-história ao covid-19

Adriano Messias

Antropoceno, epidemias e pandemias: da pré-história ao covid-19
© 2024 Adriano Messias
1ª edição – Blucher, 2024
Editora Edgard Blücher Ltda.

Publisher Edgard Blücher
Editor Eduardo Blücher
Coordenador editorial Rafael Fulanetti
Coordenação de produção Andressa Lira
Produção editorial Juliana Morais
Preparação de texto Luana Negraes
Diagramação Plinio Ricca
Revisão de texto Regiane da Silva Miyashiro
Capa Laércio Flenic
Imagem de capa Torres de Serranos em Valência/Espanha de Frederico Luis Moreira

Blucher

Rua Pedroso Alvarenga, 1245, 4º andar
04531-934 – São Paulo – SP – Brasil
Tel.: 55 11 3078-5366
contato@blucher.com.br
www.blucher.com.br

Segundo o Novo Acordo Ortográfico, conforme 6. ed. do *Vocabulário Ortográfico da Língua Portuguesa*, Academia Brasileira de Letras, julho de 2021.

Dados Internacionais de Catalogação na Publicação (CIP)
Angélica Ilacqua CRB-8/7057

Messias, Adriano
Antropoceno, epidemias e pandemias: da pré-história ao Covid-19 / Adriano Messias. – São Paulo: Blucher, 2024.
166 p.

Bibliografia
ISBN 978-85-212-2242-2

1. Civilização – História 2. Pandemias 3. COVID 19 (doença) I. Título

Índice para catálogo sistemático:
1. Civilização – História

Índice

Introdução – A tanatopolítica no Brasil da pandemia do covid-19

A civilização é uma fina epiderme que nos reveste. Habitamos essa pele ou, antes, é essa pele que nos habita. Entretanto, o que lhe vai por baixo? A animalidade, verdadeira pelagem que pode ser onça, jaguar, urso, lobo, lagarto. Basta arranhar a racionalidade, sem muito esforço, e aparecem o couro e a estampa do bicho do qual fomos feitos à imagem e semelhança. No princípio, era o totem. Pela instrumentação linguística e sobretudo pelas opções racionalistas pós-Iluminismo, tornamo-nos, porém, um animal recalcado. Somos palimpsestos, ainda que não queiramos saber nada sobre essas marcas que vicejam meio milímetro abaixo do que chamamos de cultura.

As conformações culturais que souberam lidar com a animalidade, que não a reprimiram tão fortemente, que fizeram pontes resistentes com o simbólico, viveram em maior harmonia, a exemplo de várias etnias indígenas. O perspectivismo ameríndio é um bom ponto de partida para se pensar que seria mais adequado investigar as razões da desrazão: o que leva certos grupos humanos a buscarem a contramão do processo civilizatório em que se encontram, em vez de uma outra via a partir deste?

A obra *Postmodernity and its Discontents*, de Zygmunt Bauman, publicada no Brasil com o título *O mal-estar da pós-modernidade* (2022), data de 1997. O século passado já ia se findando, e sequer imaginávamos o que estaria por vir, ainda que os filósofos e os artistas intuíssem que não haveria um bom começo de milênio. Trata-se de um livro que não perdeu o viço com o passar das décadas, e que me serve de ponto de reflexão para o Brasil sob a catástrofe pandêmica: por um lado, um país imerso em um *nonsense* político de frentes plurais e com feições psicanaliticamente perversas; por outro, uma nação acuada pelo vírus do covid-19 e pelo que as *fake news* disseram ser ele.

Desde o início, a pandemia serviu como um terrível e abominável exemplo de como práticas tanatopolíticas têm sido usadas na pós-modernidade mundo afora. Contrariando certo senso comum presente em discussões midiáticas, não podem ser detectados "traços medievais" naquelas gestões políticas: afinal, as metáforas com as invasões bárbaras e o fim da civilização nunca se valeram – até porque essa dupla dicotômica é problemática. Pensemos que os Estados totalitários ou com propensões e intenções totalitárias, como viemos a conhecer no século passado, são uma invenção da modernidade.

As ações tanatopolíticas visam eliminar os redundantes e perseverar com os resilientes – ou, ao menos, deixar estes últimos viverem –, e o Brasil tem sido historicamente um campo de práticas desse tipo, desde o período da colônia. Não são outra coisa as práticas de extermínio, escravização e depauperamento cultural e material de povos originários e povos africanos.

Volto a Bauman e ao seu esclarecedor livro: já na "Introdução", podem ser lidas alusões a um dos mais conhecidos textos freudianos, "O mal-estar na civilização", nascido como "A infelicidade na cultura" ("Das Unglück in der Kultur"), posteriormente "O mal-estar na cultura" ("Das Unbehagen in der Kultur"). Em inglês, adotou-se inicialmente o título "Man's discomfort in civilization" ("O desconforto do homem na civilização", em tradução livre); mais tarde, "Civilization and its discontents" ("A civilização e seus descontentamentos" ou "dissabores"), dos quais se justificam as versões em português que se alternam entre "cultura" e "civilização". Para fins deste texto, ambas nos servem. Porém, como as civilizações do passado mais remoto, em geral, não se pensavam como "civilização" ou "cultura", o próprio Bauman informa que "civilização moderna" é um pleonasmo.

Na esteira do filósofo, saliento as três benesses civilizatórias, aquelas que parecem justificar todas as contenções e todos os recalques, enfim, tudo aquilo de que abdicamos (e que diretamente se ligam à sexualidade e à agressividade): a beleza, a pureza (ou limpeza) e a ordem. Evidentemente, todas estão em xeque e não passam ilesas ao pensamento filosófico, até porque, conforme for o entendimento de "pureza", "beleza" e "ordem", cai-se facilmente em algum pensamento neofascista. Bauman fala da *Narrenschiffen* ("a nau dos loucos"), parte do ideal de pureza, relembrando Foucault: os considerados loucos, no alvorecer da Idade Moderna, eram "dispensados" no mar em uma viagem sem volta – evento retratado nas artes visuais e na literatura. A nau, entretanto, nos serve como metáfora: sempre houve categorias de seres, humanos ou não, consideradas inferiores, sujas, inadequadas, pervertidas, e os preconceitos, nesse sentido, têm a ver com a má relação com o próprio recalque, ou seja, com a incapacidade de reconhecer no outro algo que remete à própria história subjetiva: "Não é de surpreender que as pessoas [...], em seus frenéticos esforços de separar, confinar, exilar ou destruir os estranhos, comparassem os objetos das suas diligências aos animais nocivos e às bactérias" (Bauman, 2022, p. 19).

Este livro, que faz parte de minha longa pesquisa sobre o Antropoceno, nasceu praticamente espremido entre o terceiro e o quinto títulos: quando eu findava a organização de *Cinema e Antropoceno: novos sintomas do mal-estar na civilização* (o tomo três, publicado em 2023 pela Blucher), já estávamos em colisão com a pandemia do covid-19, e foi inevitável pensar sobre ela. Ainda que o título desta obra seja *Antropoceno, epidemias e pandemias*, para uma teorização mais sólida sobre o tema específico do Antropoceno, peço que consulte os livros dois (*Comunicação e Antropoceno: os desafios do humano*, 2019a), três – mencionado anteriormente – e cinco (*Antropoceno, tratado geral sobre o fim do mundo humano*, ainda por ser lançado).

Antropoceno, epidemias e pandemias se divide em três partes principais: "I. Germes na história humana", "II. Vírus na biologia e na semiótica" e "III. Covid-19 e tanatopolítica", com breves considerações finais no item "IV. Quando será a próxima epidemia?". Na primeira parte, realizo uma espécie de sobrevoo histórico e caleidoscópico sobre alguns aspectos ligados às doenças e à sua transmissão. A segunda parte trata especificamente de um olhar semiótico sobre os vírus, de onde discuto seu lugar de indefinição e de incômodo na biologia. Na parte terceira, lanço um olhar específico sobre o Brasil e suas formas de enfrentamento (ou não) da pandemia.

Mais uma vez, trago uma obra que se localiza em campos transdisciplinares e que faz uso de olhares múltiplos para pensar o contemporâneo, o mal-estar e os problemas humanos. Por um lado, não ficaremos isentos de epidemias e pandemias; por outro, continua sendo desafiador e urgente nos livrarmos dos posicionamentos que comprometem a continuidade da vida no planeta.

PARTE I
Germes na história humana

1. Germes do corpo, germes da cultura

Elas entraram e notaram que era o castelo de um rei que tinha dois filhos. Um deles estava doente, à beira da morte, e ninguém conseguia descobrir o que ele tinha.

Carter, 2007, p. 44

Muitíssimo tempo atrás, quando existia pouca gente no mundo, não havia tantas doenças. Mas conforme as populações cresceram e os homens passaram a morar mais próximos, em grandes cidades e civilizações, surgiram novas espécies de micróbios. Por isso, vários milhões e bilhões de seres humanos foram mortos. E, quanto mais aglomeradas as pessoas se encontravam, mais terríveis eram as novas doenças.

London, 2003, p. 37

A primeira epígrafe que abre este texto traz um tipo de narrativa recorrente nos contos populares há séculos: era muito comum alguém estar com alguma doença desconhecida e personagens se mobilizarem para encontrar uma cura. Às vezes, o acometido pelo mal morria; outras vezes, ele se curava por milagre, por obra de algum agente ou objeto mágico, ou, ainda, pela demonstração de amor de uma princesa ou príncipe.

Assim foram entendidas as enfermidades em boa parte da existência da espécie humana: consequências de maldições, pragas, ira divina, proximidade de determinados objetos, efeitos de impressões fortes a partir de algum evento ou – como perdurou na ciência até o início do século passado – pela emanação de miasmas deletérios que se supunham surgir da terra úmida e dos ambientes pantanosos. Também se acreditava que o vento podia trazer as pestes e, por muito tempo, foi comum o hábito de se evitar correntes de ar e de se manter as janelas fechadas sempre que possível. Olhava-se ainda com desconfiança para a água, pois se acreditava que ela poderia adoecer pessoas, mesmo que sua aparência fosse límpida e clara.

Na vasta corte de Luís XIV, o "Rei Sol" dos franceses, supunha-se que o excesso de banhos trazia desproteção para o corpo – de fato, muitos adoeciam após se banharem, mas isso se devia à contaminação causada pelas fontes do palácio de Versalhes. A falta de hábitos de higiene pessoal convivia com a propagação de piolhos, ratos, sarna, e, não raro, as mulheres nobres enrolavam peles de animais nos pescoços para que as pulgas se alojassem por lá em vez de em suas já sofridas peles. Os corredores palacianos eram repletos de urinóis e penicos frequentemente esvaziados nas próprias janelas pelos criados. Versalhes era como uma cidadela na qual muitos – do mais baixo ao mais alto escalão nobiliárquico – desejavam passar suas vidas, ainda que acomodados promiscuamente em pequenos quartos insalubres: uma cultura de parasitismo social, em que a figura real atuava como um astro em torno da qual constelavam milhares de bajuladores. É sabido que parte do fedor pela falta de banho, pelo acúmulo de roupas, pelo uso intenso de perucas e pelo suor abundante no verão – quando todo o palácio se transformava em uma enorme estufa reprodutora de bactérias de todos os tipos – era disfarçada pelos perfumes, já famosos naquela época.

Na literatura nacional, temos uma obra clássica de Aluísio Azevedo: seu conto de terror gótico *Demônios* (Azevedo, 2021) narra as desventuras de um jovem escritor que desperta no meio da noite e se percebe em uma Rio de Janeiro distópica e decadentista, na qual apenas ele e a noiva pareciam ter sobrevivido entre cadáveres, fungos e lodo.

Em 1912, Jack London publica *A praga escarlate* (London, 2023), outro conto pós-apocalíptico, no qual um velho narra, a um bando de garotos iletrados e negacionistas, como era o mundo antes de uma pandemia surgida no início do século XXI – a denominada "morte escarlate" – ter dizimado quase toda a espécie humana. Em seu texto, London apresentou uma previsibilidade demográfica intrigante ao afirmar que, em 2010, o censo mundial fixaria uma população em 8 bilhões de pessoas e que uma pandemia, três anos mais tarde, seria a responsável pela redução drástica dessas vidas. O escritor ainda colocou como "avô" da meninada um octogenário professor de literatura desprestigiado pela "involução" civilizatória, numa época em que não havia mais espaço para o pensamento científico nem para a cultura dos livros. Destes últimos, ele guardou os remanescentes em uma caverna. Algo parecido com essa persistência humanista de Jack London ressoou em alguns de nós quando nos guardamos em casa durante a pandemia do covid-19 e nos rodeamos de livros.

Os exemplos anteriores ilustram o quanto os germes fazem parte da civilização. Claro, eles passam a existir praticamente com a origem da própria vida planetária. Quando nossa espécie começou a caminhar sobre dois pés, já sofria com infecções causadas por vírus e bactérias. E, se há germes bons e outros ruins, este livro trata dos do segundo tipo: os perigosos e assustadores, aqueles que assolam famílias, cidades, regiões e até mesmo o mundo todo, de tempos em tempos.

Enquanto você lê estas páginas, saiba que muitos surtos de doenças estão acontecendo planeta afora, e desastres sanitários nos aguardam em estado de latência, à espera de um simples agente disruptivo. Há décadas, epidemiologistas nos vinham alertando sobre as múltiplas possibilidades de novas epidemias e pandemias. Não foi por falta de notificações e estudos científicos que o covid-19[1] surgiu e se espalhou como uma fera invisível e mortífera por praticamente todos os países deste planeta que, por enquanto, é o único que temos para nos refugiarmos. Em 11 de julho de 2020, ante o avanço descontrolado da nova doença pelo mundo – cerca de 12 milhões de contaminados até aquele dia –, o então diretor da Organização Mundial da Saúde (OMS), Tedros Adhanom Ghebreyesus, fez um apelo emocionado: "Por que é tão difícil para os humanos se unirem para lutar contra o inimigo?" (BBC, 2020).

Nesta obra, aqui e ali, estão casuísticas clássicas da história da epidemiologia: elas são tidas como exemplares para a compreensão dos germes e de como a humanidade lidou com eles, indo desde as relações mágicas, xamânicas e sobrenaturais, passando-se por uma medicina pouco profunda e colada à retórica, à alquimia e às ciências ocultas, até chegarmos a falsas hipóteses científicas – estas, por sua vez, quase sempre passos interessantes rumo a descobertas que, de fato, mudariam a relação de nossa espécie com as enfermidades. A ciência, finalmente, começa a triunfar a partir do século XIX e, ainda com mais arroubo e sucesso, no século passado e no atual.

Ao refletir sobre os vírus como um tipo de monstro muito real – metaforicamente, com um comportamento similar ao do zumbi cinematográfico –, decidi também estudá-los. Porém, dos vírus, passei às bactérias e aos fungos. O que, de início, seria um breve

---

1 Quando surgiu, o nome era uma sigla: "co" se referia a "corona", "vi" a "vírus", "d" a "doença", a partir da terminologia inglesa *coronavirus disease*. O numeral indica sempre o ano em que a enfermidade aparece pela primeira vez. Então, a grafia obedecia à regra das siglas em língua portuguesa (de onde "Covid-19"). Com o tempo, porém, a mesma sigla passou a designar a doença causada pelo vírus e se tornou, por isso, substantivo comum (grafado com "c" minúsculo, portanto). O mesmo raciocínio se aplica à grafia das nomenclaturas de outras doenças e síndromes, como a aids que, nos primeiros anos, se escrevia "Aids".

ensaio contendo minhas considerações sobre a atuação da mídia televisiva brasileira em coberturas do covid-19 – bem como correlações tanatopolíticas que eu assinalava na esfera da saúde pública em vários países à medida que a pandemia avançava pelo mundo – tornou-se logo uma escrita mais ampla. É que a própria história da medicina surgiu para mim carregada de paixão, de *pathos*, e pensar o passado iluminava imensamente o presente obscuro da civilização em 2020, no qual este escritor e pesquisador estava, como provavelmente você, tentando entender o imenso caos em meio ao qual se buscava dar nome e solução.

Tenho apreço por abordagens amplas, que incluam coletivamente vários elementos que componham um objeto de estudo, tal qual se deu em minha obra *Todos os monstros da Terra: bestiários do cinema e da literatura* (Messias, 2022b). Nela, trato de formas monstruosas, sobretudo no campo da ficção audiovisual, entendidas como sintomas da cultura e das diferentes épocas da humanidade. Obviamente, o título é provocativo: é impossível abordar todos os monstros, assim como todos os germes do planeta, em uma única obra – nem que fosse um compêndio coletivamente redigido. Nisso reside um traço do simbólico, instância formadora da estrutura do sujeito proposta por Jacques Lacan: aquele que sugere a inapreensibilidade plena do real – ou seja, daquilo que, grosso modo, não passa pelo campo da linguagem e, ainda assim, nos assola –, a fim de dele nos eximirmos. É que ambos, simbólico e real, não prevalecem sem coexistência: se pressupõem. Ora, o simbólico – e, aqui, sempre na trilha conceitual lacaniana – nos auxilia a fazermos pontes e a darmos sentido, em especial no âmbito social, quando ameaças advêm. Elas podem ser imaginárias – como a desastrosa transmissão radiofônica de uma adaptação do romance *A guerra dos mundos*, de H. G. Wells, em 1938 – espécie de *fake news avant la lettre* (Messias, 2022b, pp. 220-221); ou podem ser pura intromissão da "natureza" no mundo "civilizado" – e uso as aspas justamente por considerar que essa dicotomia sempre foi problemática. Assim como em muitos produtos da ficção científica, o final para uma catástrofe costuma se dar por meio de uma solução *deus ex machina*, como se verifica no exemplo anteriormente citado; podemos dizer que, enquanto não havia vacinas disponíveis para o covid-19, permanecemos também na esperança de que algo surgisse para frear aquele vilão da vez.

Não raro, um vírus se alastra em grupos humanos após ser "encontrado" pelas pessoas no coração de uma floresta ou em outro ecossistema, podendo haver uma perigosa mutação – para nós – quando aquele é transmitido à nossa espécie ou a espécies que domesticamos – como galinhas e porcos. Inicialmente, ele pode ser transmitido a outro animal que não o da sua base original e, deste, o patógeno pode infectar um humano (a exemplo das interações morcego-humano ou da suposta tríade morcego-pangolim-humano). O que interessa é que boa parte das doenças infecciosas com as quais convivemos poderiam ter sido evitadas ou grandemente minimizadas, e este livro também insiste nesse aspecto.

Acho pertinente afirmar que a atuação biológica de patógenos na humanidade sempre vem acrescida – se não piorada – por visões coletivas ou governamentais limitadas, supersticiosas, negacionistas, o que torna o saneamento, o controle do patógeno e a cura dos doentes mais difíceis. A forma como a pandemia do covid-19 foi tratada por certos governos em determinados países – entre eles, infelizmente, o Brasil – tem muito de similitude com visões tanto governamentais quanto do senso comum ainda da época daquela pandemia que foi (injustamente) chamada de "gripe espanhola", cujo ápice se deu de 1918 a 1919. Ou seja, mais de cem anos depois, ainda se repetiram comportamentos e falsas ideias que colaboraram para que um número muito maior de pessoas fosse infectado pelo SARS-CoV-2[2] e viessem a morrer.

Em várias instâncias governamentais por todo o planeta, ficou claro o quanto omissões e maus gerenciamentos explicitaram uma volição de ordem tanatopolítica: ou seja, o "morrer pelo morrer"; o "deixá-los se contaminar" para (também) "deixá-los morrer". Esse é um tema fundamental para reflexão, caso queiramos um mundo menos desigual e com predomínio de ações democráticas, inclusivas e plurais. As nefastas reapropriações e revalidações de formas totalitárias de governos do século passado que encontramos na contemporaneidade chamam à responsabilidade ética cada cidadão mediante seu poder de voto: as escolhas das urnas de ontem podem ser decisivas para a manutenção ou não de vidas hoje ou amanhã.

Por isso, surtos de doenças, epidemias e pandemias se comportam ao sabor de investimentos consistentes ou sofríveis em ciência, pesquisa e educação, de boas ou más gestões públicas, de planejamento sanitário adequado ou precário, de direcionamentos políticos solidários ou perversos.

Com este livro, meu desejo é que nos livremos não apenas dos germes ruins que assolam o corpo, mas também daqueles que, engendrados sempre pela cultura, destroem a paz, a cooperação e a alegria.

Saúde!

---

2 Do inglês *Severe Acute Respiratory Syndrome Coronavirus 2* (síndrome respiratória aguda grave do coronavírus 2). Ainda assim, é bem comum que se trate o vírus pelo nome da doença (covid-19) e vice-versa. A importância da taxonomia para os vírus é que, com isso, se evitam preconceitos ligados às doenças: no início, o covid-19 foi chamado de "vírus chinês". A sífilis já foi denominada de "pústula francesa"; a *influenza* aviária de 1918 permanece até hoje como "gripe espanhola", enquanto a aids era a "doença gay" nos anos de 1980. Sobre a taxonomia do SARS-CoV-2, cf. Lesney (2020).

2. O surgimento dos micro-organismos no planeta

A história da vida está demarcada pela contingência, por acidentes e por circunstâncias que rodeiam a trajetória dos seres. No teatro das espécies, nós, os *sapiens*, chegamos por último. Se fôssemos distribuir a história do universo em um gráfico que abrangesse o período de um ano, em 1º de janeiro teríamos o Big Bang, e em 1º de março, a Via Láctea. Nosso modesto sistema solar veria seu início em 1º de agosto. A primeira forma unicelular nasceria em 1º de setembro, mas os seres multicelulares teriam de aguardar mais dois meses para que pudessem entrar em cena. Somente em 15 de dezembro haveria a famosa explosão cambriana, que proliferou formas de vida aos borbotões. Em 18 de dezembro, surgiriam as plantas; no dia 21, os insetos, e no 24, os dinossauros. No dia seguinte, viriam os mamíferos, e no dia 27, os pássaros. Dois dias depois, um asteroide poria fim ao reinado dos dinossauros e de muitas outras espécies – incluindo um sem número de insetos, por exemplo. No último dia do ano, às dez da manhã, apareceriam os macacos; às nove da noite, os hominídeos,[1] e,

---

1 Como há muita contradição taxonômica em biologia, nesta obra o termo "hominídeos" englobará humanos, chimpanzés, bonobos, gorilas, orangotangos e os seus ancestrais. Já quando eu usar "homininios", estarei me referindo exclusivamente aos humanos modernos e aos seus ancestrais.

faltando seis minutos para a meia-noite, o chamado homem moderno. Nos últimos quinze segundos de todo esse longo ano é que haveríamos criado a escrita para registrar nossos pensamentos, emoções, ideias e revoluções. Cinco segundos depois, seriam erguidas as pirâmides do Egito.

De fato, somos uma espécie extremamente jovem, se comparada com os micro-organismos que pululam nos mais diversificados ambientes terráqueos desde os primórdios da vida. Há três bilhões de anos, uma nave interplanetária que passasse pela Terra não acreditaria muito na presença de seres vivos se desenvolvendo em nosso planeta fervente e ácido.

Porém, nós, humanos, somos capazes de fazer poesia ao sonharmos com a origem da vida: basta que pensemos que ela só surgiu uma vez na Terra, e isso há, pelo menos, quatro bilhões de anos. Qual estrutura é que teria antecedido todas as demais? Em um tempo tão primevo, se não havia vida, existia pelo menos a química orgânica e, nela, estariam as moléculas prebióticas – a base da história de todos os seres que conhecemos, com exceção do vírus, que não é ser vivo a rigor, como lembra Juan Luis Arsuaga (2019, p. 113). O paleontologista espanhol salienta a dificuldade para se entender as formas de vida pelo motivo de todas elas, incluindo as bactérias, serem de enorme complexidade.

No enredo biológico tecido pelos cientistas, decidiu-se dar o nome de *Last Universal Common Ancestor* (LUCA, ou "antepassado comum universal", em tradução livre) ao primeiro antepassado das formas viventes da Terra. Tratar-se-ia de uma célula procariota, ou seja, ainda sem membrana separando o núcleo. Tampouco deveria possuir mitocôndrias – os orgânulos produtores da energia celular – ou cloroplastos, os realizadores da fotossíntese. Esse tipo de arquitetura procarionte abrange as arqueias e as bactérias.

O LUCA foi a primeira forma de vida possível, matriz da qual todas as espécies que habitam ou habitaram a Terra provieram, e deve ter aparecido entre 3,5 e 4 bilhões de anos atrás. O trabalho dos paleobiólogos está justamente em creditar boa parte de ficção científica, no bom sentido da palavra, a tais especulações, uma vez que fósseis de um período tão remoto ainda não foram encontrados, com exceção de demonstrações – ainda que controversas – de vida bacteriana há 3,7 bilhões de anos em rochas de Isua,[2] na Groenlândia (cf. Arsuaga, 2019, p. 124).

O surgimento da vida é ainda um debate entre cientistas: o LUCA foi um procarionte – ou seja, não possuía uma membrana nuclear que separasse seu núcleo do citoplasma. Já os eucariontes só surgiriam um bilhão e meio de anos mais tarde. Porém, estima-se que não tenha havido um "salto" de uma para outra arquitetura biológica, tampouco uma linha retilínea evolutiva. A partir da forma primária, o LUCA, as células passaram a se organizar para darem origem a organismos multicelulares compostos por tecidos, sistemas e órgãos, cada qual com suas diferenciações e funções. Entretanto, a primeira célula com um núcleo definido por uma membrana pode ter aparecido de repente, há cerca de dois bilhões de anos, possivelmente como resultado da fagocitose de uma bactéria por uma arqueia. Esta, sem digerir a segunda, como usualmente deveria ocorrer, a manteve como outro organismo vivo em seu interior, até que se convertesse em mitocôndria – sua usina produtora de energia (cf. Arsuaga, 2019, p. 131), processo esse chamado endossimbiose.

Então, se os micro-organismos são morfológica e funcionalmente tão antigos, só podemos aprender a conviver com eles, até mesmo porque devemos nossa existência a bilhões e bilhões de seres benignos que colonizam todas as partes de nossos corpos e de nossas casas,

2 Aqui refiro-me ao chamado "Cinturão de Pedras Verdes de Isua", da Era Arqueana, localizado no sudoeste da Groenlândia e com idade entre 3,7 e 3,8 bilhões de anos. Foi por causa da antiga datação e do baixo grau metamórfico em relação a outras rochas do tipo que o Cinturão de Isua se tornou foco para investigações sobre o surgimento da vida na Terra.

bem como os parques em que caminhamos, as salas de cinema e as páginas deste livro. Quanto aos prejudiciais – os agentes patógenos –, só nos resta utilizarmos a inteligência a nosso favor, já que esses, praticamente invencíveis, contam com uma experiência e uma memória genética de bilhões de anos: "nuestro planeta es hoy, sobre todo, un planeta de bacterias, porque, sean fósiles vivientes o no, son los organismos más numerosos. Y lo llevan siendo casi 4.000 millones de años" (Arsuaga, 2019, p. 150).[3]

Está evidente que aqui se trata de uma maneira fictícia de a ciência dissertar sobre um tema tão hipotético – ou seja, temos uma proposição heurística. Não se sabe ao certo como as primeiras formas viventes se organizaram, mas é fato que não há ser vivo sem uma delimitação, um invólucro, uma membrana, um citoplasma para separar o dentro e o fora, o interno e o externo. O que se hipotetiza é que as moléculas orgânicas mais simples se tornaram macromoléculas biológicas, e só então surgiu uma célula com uma membrana externa semipermeável, capaz de se comunicar e fazer trocas com o ambiente.

Em 2020, veículos de imprensa apressadamente anunciaram que cientistas japoneses haviam conseguido despertar micróbios de cem milhões de anos que estavam imersos cerca de cem metros sob o solo da zona subtropical do oceano Pacífico Sul, a mais de seis mil metros de profundidade, em zonas totalmente inóspitas à vida (cf. o *paper* original da pesquisa em Morono, 2020). Isso se transformou em *fake news* ocasionada pelos veículos midiáticos por conta da falta de entendimento do dito artigo científico. De fato, foram encontradas bactérias que representariam algumas das primeiras formas de vida do planeta: elas sobreviveram pobremente em colônias naquela parte da biosfera submarina, praticamente sem oxigênio e nutrientes

3 "nosso planeta é hoje, sobretudo, um planeta de bactérias porque, sejam elas fósseis vivos ou não, são os organismos mais numerosos. E estão aqui há cerca de quatro bilhões de anos" (tradução minha).

– trata-se da região menos ativa do maior oceano da Terra. Mas não foram ressuscitadas porque não é possível uma bactéria sobreviver por mais de cem milhões de anos. O DNA, molécula muito complexa, sofre rápida degradação com o tempo por conta da ação de agentes externos diversos. E como em um micróbio já morto não existiriam recursos para a manutenção desse DNA, em cerca de pouco mais de quinhentos mil anos metade dos nucleotídeos ainda intactos se romperiam. Daí, dentro de 6,8 milhões anos já não haveria mais DNA. Ao analisarem camadas de sedimentos entre 4,3 e 101,5 milhões de anos separadas por silicatos que impediam a migração das bactérias, o que os cientistas descobriram foi que algumas estavam vivas graças ao consumo da oxidação dos próprios silicatos. Quando aqueles micróbios foram trazidos para laboratórios e colocados em um caldo de cultura com alimento suficiente, multiplicaram-se com agilidade. A beleza desse achado está no fato de que a vida busca seus próprios caminhos a fim de se perpetuar.

Imersos nas atribulações da vida cotidiana, ignoramos que, inserido no que chamamos de biota, existe um microbioma – o império desses agentes invisíveis dos quais alguns são, para nós, temidos patógenos. Os micróbios reinaram de maneira exclusiva por três bilhões de anos, oxigenaram o planeta, facilitaram o surgimento de todas as demais formas de vida que conhecemos – ainda que, provavelmente, tenham sido responsáveis pela extinção de várias delas (e até mesmo muitos deles foram extintos, submetidos que são às contingências naturais): "Há muitas famílias e origens de magnitude no microbioma da Terra. Em ordem de tamanho e complexidade, elas incluem os príons, os vírus, as rickettsias, as bactérias, os fungos e os parasitas" (Osterholm; Olshaker, 2020b, p. 70).

E, afinal, onde entra o vírus na paleo-história dos seres vivos? Existe uma hipótese, baseada em estudos moleculares, de que as proteínas dos vírus estariam relacionadas a uma infecção sofrida pelo LUCA (cf. Mahy; van Regenmortel, 2009), o que pode indicar que os vírus estariam desde sempre junto à evolução da vida, surgindo em vários momentos da história planetária mediante o deslocamento de genes ancestrais de replicação de genoma. Esse, certamente, é um campo hipotético dispersivo, posto que os vírus não deixam fósseis, no sentido usual do termo, pelo simples fato de serem muitíssimo menores do que os mais finos fragmentos coloidais que constituem as rochas fossilizadoras de plantas e animais. Nesse sentido, os vírus não deixam "pegadas".

Em uma primeira suposição, os vírus teriam evoluído a partir de moléculas complexas de proteínas e ácido nucleico, ainda antes do surgimento das células no planeta, o que contraria a própria definição científica de vírus, que implica a necessidade de uma célula em que aquele possa se replicar. Outra abordagem, chamada de "redução" ou "degenerescência", propõe que vírus foram células menores que parasitaram corpos celulares maiores, mas isso não explica por que os menores parasitas celulares não viróticos não se assemelham a vírus.

A hipótese da "deambulação" ou "escapulida" prediz que alguns vírus evoluíram a partir de pedaços de DNA ou RNA "escapados" de organismos maiores. Porém, como explicar, no interior das células, a ausência de estruturas tão únicas aos vírus?

A hipótese da "coevolução", por sua vez, argumenta que, no começo da vida na Terra, haveria pedaços de informações genéticas (os denominados "replicões") capazes de se replicar próximos a alguma fonte de alimento. Esta ofereceria moléculas parecidas a lipídios e estariam organizadas em vesículas que acampariam os replicões.

Por fim, menciono uma hipótese de 2019 chamada "origem quimérica", a qual se baseia em análises sobre a evolução de módulos replicativos e estruturais de vírus (cf. Krupovic; Dolja; Koonin, 2019): nessa abordagem, os módulos virais teriam se originado de um *pool* genético primordial.

Para uma possível averiguação da presença dos vírus nos primórdios da vida planetária, pode-se recorrer aos genomas de organismos contendo elementos virais endógenos, que são sequências de DNA remanescentes de genes e genomas de vírus que invadiram a linha germinativa do hospedeiro. Os genomas da maioria das espécies vertebradas possuem sequências derivadas de retrovírus primordiais, as quais servem como evidência para a história evolutiva dos vírus.

Há 600 milhões de anos, as algas cianofíceas já haviam oxigenado o planeta o suficiente, e existia um efeito estufa que permitiria à vida proliferar. Nesse período, micróbios agiam proficuamente no planeta, mas estes, como outras formas vivas, estavam submetidos às situações de extinção, como afirmei. Ainda assim, o protagonista da história planetária se chama acaso, evento ou contingência, resultado de forças incomensuráveis que tanto espalharam quanto eliminaram milhares de formas viventes. Nas páginas a seguir, comentarei alguns exemplos da presença da contingência na civilização.

Tabela 2.1. Principais pandemias na história considerando-se a prevalência, o número de mortos e a distribuição geográfica

Epidemias	Ano	Número de mortos	Causa	Localização
Peste Antonino ou Praga de Galeno	165-180	5 milhões de 30-40 milhões na Europa, † 7-12%	Desconhecida: varíola ou sarampo?	Ásia Menor, Egito, Grécia e Itália
Peste de Justiniano	541-542	25 milhões de 170 milhões, † 15%	Peste bubônica	Império Bizantino (Constantinopla), Europa e Mediterrâneo
Peste Negra ou Morte Negra	1346-1353	75 a 200 milhões de 350 milhões, † 57%	Peste bubônica	Europa, Ásia, África
Pandemia de cólera	1852-1860	1 milhão de 990 milhões, † 1%	Cólera	Índia (origem), Ásia, Europa, América do Norte e do Sul e África
Gripe Russa	1889-1890	1 milhão de 990 milhões, † 1%	*Influenza* A H3N8	Mundial (em 4 meses)
Cólera	1910-1911 (1923 ainda na Índia)	800 mil de 1,6 bilhão, † 0,5%	Cólera	Oriente Médio, África do Norte, Leste Europeu e Índia
"Gripe Espanhola"	1918-1920	50-100 milhões de 1,8 bilhão, † 3%	*Influenza* A H1N1	Mundial
Gripe Asiática Procedência aviária	1957-1958	1,2 a 2 milhões de 3 bilhões, † 0,05%	*Influenza* A H2N2	China, Singapura, Hong-Kong, Estados Unidos
Gripe de Hong-Kong	1968	1 milhão de 3,7 bilhões, † 0,3%	*Influenza* A H3N2 derivado H2N2	Hong-Kong (15%), Singapura, Vietnã, Filipinas, Índia, Austrália, Estados Unidos

(continua)

(continuação)

Epidemias	Ano	Número de mortos	Causa	Localização
HIV-aids	Pico em 2005-2012	36 milhões (desde 1981) de 6 bilhões, † 0,6%. Hoje, 31-35 milhões infectados	Vírus da imunodeficiência humana	Mundial. Descoberto na República do Congo em 1968
Covid-19	2019-2023[4]	15 milhões de 8 bilhões, estimativas segundo a OMS[5]	Coronavírus SARS-covid-2	Mundial. Descoberto na China em dezembro de 2019

† = mortalidade

Fonte: adaptado de Pané (2020).

4 Mais especificamente no dia 5 de maio de 2023, quando a OMS declarou o fim da Emergência de Saúde Pública de Importância Internacional referente ao covid-19.

5 Cf. Grimley; Cornish; Stylianou, 2024.

3. A humanidade e as doenças

Nós, os *sapiens*, quase fomos extintos 75 mil anos atrás. Isso se deu possivelmente por conta de uma era do gelo ou de uma megaerupção vulcânica que teria esfriado o planeta, coincidindo, para alguns, com a estimativa temporal do surgimento da linguagem humana. Achados arqueológicos confirmam, em torno dessa época, objetos sem nenhuma finalidade utilitária, mas com propósito estético, como conchas furadas para serem usadas como colares e placas vermelhas de ocre com gravações geométricas no formato de aspas:

> *las capacidades para el pensamiento simbólico y el lenguaje estaban ahí, durmientes, desde que hace unos 200.000 años apareció nuestro diseño corporal, pero no se usaban para pensar y comunicarse. Eso vino mucho más tarde, decenas de miles de años después, quizás más de cien mil años después. (Arsuaga, 2019, p. 474)*[1]

---

1 "as habilidades para o pensamento simbólico e a linguagem estavam lá, dormentes, desde que, há cerca de 200 mil anos, apareceu nosso *design* corporal, mas não eram usadas para se pensar e comunicar. Isso veio muito mais tarde, dezenas de milhares de anos depois, talvez mais de cem mil anos depois" (tradução minha).

Desde então, nossa espécie passou a angariar cada vez mais complexidade, sobretudo social: de pequenos grupos, surgiram clãs e tribos. Do pensamento concreto, passamos às abstrações e aos conceitos. Dominamos o planeta. Hoje, calcula-se que 96% da biomassa dos mamíferos na Terra seja composta pelos humanos e pelos mamíferos criados na pecuária; a biomassa das aves domésticas é três vezes maior do que a das aves selvagens (Arsuaga, 2019, p. 516). No Crescente Fértil, durante o Neolítico (aproximadamente 10 mil anos a. C.), a agricultura sofreu especializações de acordo com um determinado modelo civilizatório: cevada, centeio, lentilha, grão-de-bico e trigo faziam parte dos cultivos. Porém, conforme arqueólogos e antropólogos têm discutido, a agropecuária não representou, para nossa espécie, a conquista de uma vida mais longeva. Somente no século passado é que as pessoas passaram a ter uma existência gradativamente mais longa. Pensemos que, tanto na pré-história quanto na Idade Média ou nas cidades criadas praticamente da noite para o dia na época da Revolução Industrial, a taxa de longevidade humana não diferia muito. O que hoje nos permite viver mais são os avanços científicos e as mudanças de hábitos que decorrem da popularização dos primeiros: medicamentos, vacinas, normas de higiene, infraestrutura sanitária, erradicação de doenças, melhorias de procedimentos cirúrgicos, tratamentos mais eficientes de enfermidades e mais tempo livre para a cultura e o lazer. Enfim, a soma da educação com a ciência.

Até poucas décadas atrás, pessoas com tuberculose ou sífilis eram desacreditadas pelos médicos. Um exemplo notório é o do desânimo que tantas vezes abateu a vida do escritor Nelson Rodrigues, que, tuberculoso, se via periodicamente exilado da família em um sanatório em Campos do Jordão (cf. Castro, 1992).

Quando a aids surgiu em sua forma epidêmica, nos anos 1980, a detecção do vírus HIV no sangue era um anúncio mortal, mas, com o passar do tempo, doenças que eram o terror de nossos antepassados se tornaram controladas ou curáveis. Diagnosticada com câncer nos anos de 1970, a filósofa, cineasta e ensaísta Susan Sontag decidiu estudar as enfermidades para compreender suas metáforas na cultura, de onde surgiu o belo ensaio *Doença como metáfora*, de 1978. Porém, dez anos depois, quando o mundo se via às avessas com a ascensão de casos de aids planeta afora, ela aprofundou as reflexões, de onde nasceu o clássico ensaio *Aids e suas metáforas*, no qual ela pretendeu dissipar o irracionalismo pré-científico que costuma corroer a compreensão das enfermidades que nos afligem (Sontag, 2007).

Desde as tecnologias paleolíticas, um dos resultados de nosso afã por conquistar o planeta foi a destruição de uma parte da biosfera (Arsuaga, 2019, p. 524). O que obtivemos em troca, entre outras consequências, foi o frequente "despertar" desses "monstros" chamados germes, mas que já estavam conosco desde muito antes do que poderíamos imaginar. E aqui vale uma nota: a elevação da qualidade de vida nunca foi homogênea na humanidade.

Enfermidades na pré-história

Tênias, piolhos e tuberculose

Os vírus nos acompanham porque, conforme expliquei, eles passaram a existir no planeta pouco depois do aparecimento das bactérias. No decorrer de milhões de anos, essas estruturas, de certa forma maquínicas, foram se adaptando e apresentando mutações. Provavelmente, os vírus também reinaram entre os dinossauros. Apesar de estruturalmente simples, são tão antigos que sua especialização e seu nível de experiência genética são altíssimos, o que lhes confere uma perseverança assustadora.

O infectologista Stefan Cunha Ujvari (2019, pp. 23-24) desconfia que os ancestrais do homem moderno e dos chimpanzés apresentavam infecções virais que poderiam ter saltado tanto para o primeiro quanto para o segundo ramo evolutivo. O pesquisador diz que, há mais de cinco milhões de anos, os australopitecos, que então já caminhariam livremente sobre dois pés pelas terras africanas, traziam vírus alojados em seus corpos nanicos. Dois milhões de anos atrás, se manifestariam no *Homo ergaster*, um tipo de *Homo erectus* que empreendeu grandes migrações para fora da África.

É provável que nossos mais remotos antecedentes apresentassem, por exemplo, herpes e catapora – cujos vírus, os quais compartilhamos com certas espécies de macacos, são capazes de permanecer dormentes num hospedeiro por muito tempo. Possivelmente, informa Ujvari, o herpes humano encontrou uma dupla especialização em nossa espécie: uma variação acometeria os lábios, e outra, os genitais (Ujvari, 2019, p. 25). O autor ainda comenta sobre o esqueleto de um *Homo erectus* do Museu Nacional do Quênia que apresenta cicatrizes da framboesia – também chamada bouba –, doença causada por uma bactéria do mesmo gênero da que provoca a sífilis (cf. Ujvari, 2019, p. 86). A framboesia é transmitida por picada de mosca, mas também pode passar de indivíduo a indivíduo – mas não é uma infecção sexualmente transmissível (IST) –, deixando sobre a pele relevos ulcerosos semelhantes a framboesas.

Outro vírus que se manifestou desde os primeiros hominídeos e nos povoa há mais de cem mil anos – o que coincide com um dos variados períodos da diáspora humana desde o continente africano – é o HTLV-1, o vírus linfotrópico de célula T dos humanos, que ataca os linfócitos T. Ele também está presente em primatas atuais: é o PTLV, vírus linfotrópico de célula T dos primatas. No final da década de 1970, cientistas descobriram o HTLV-1 em um paciente e, três anos depois, detectaram aquele que veio a ser o HTLV-2. Ambos são candidatos a provocarem pandemias (cf. Ujvari, 2011, pp. 192-193):

> *o vírus humano [HTLV] acompanhou toda nossa emigração da África, nossa fixação nas terras férteis e descoberta da agricultura, a ascensão e decadência das civilizações e*

> *impérios da Antiguidade, guerras, batalhas, explorações marítimas, colonizações, para, finalmente, hoje, estar em todos os continentes. (p. 193)*

Em relação às bactérias, elas também nos acompanham desde sempre, vindo a evoluir com os hominídeos, assumindo funções variadas em seus corpos e até mesmo colaborando para com a organização hierárquica de determinado grupo em momentos evolutivos em que o olfato deveria ser muito mais sensível do que é hoje: "O odor repugnante axilar repeliria outros machos que ameaçassem se aproximar do grupo. Seria uma espécie de demarcação territorial pelo macho líder" (Ujvari, 2011, p. 106).

Um parasita com o qual nossa espécie convive igualmente há milhares de anos é a tênia ou solitária (em três tipos: a *Taenia solium*, a *Taenia saginata* e a *Taenia asiatica*), que pode se hospedar em uma pessoa que ingeriu carne de porco malpassada contendo larvas. Estas se tornam indivíduos adultos no intestino, enfraquecendo o hospedeiro ao absorverem seus nutrientes. A suposição de Ujvari é que carnívoros africanos como hienas, felinos e canídeos eliminavam ovos desses parasitas, os quais acabaram por ser ingeridos por herbívoros que pastavam. Ao caçar, os homens mantiveram contato com larvas de tênia que poderiam existir, por exemplo, no corpo de um antílope – animal muito apreciado por eles. Milhares de anos depois, o mesmo parasita sofreu especializações que produziram as três espécies mencionadas, sendo que a diferenciação entre a *saginata* e a *asiatica* se deu entre 780 mil e 1,7 milhão de anos atrás (cf. Ujvari, 2019, pp. 29-30).

A tuberculose é outra doença que estava presente na África dos primeiros homininios. Por isso, quando nossa espécie surgiu no planeta, a tuberculose já se fazia presente (cf. Ujvari, 2019, pp. 38-40). Em 1960, na França, foi detectada uma nova bactéria da tuberculose, chamada *Mycobacterium canetti*, em homenagem ao cientista que a descobriu, Georges Canetti. Nos anos 1990, apareceram casos de pacientes com tuberculose causada por esse agente específico, e todos haviam se infectado exatamente na região chamada de Chifre da África, que engloba a Somália, a Etiópia, a Eritreia e a Somalilândia. Uma análise de DNA permitiu o cálculo das formas evolutivas da *M. canetti* e ajudou pesquisadores a encontrarem um ancestral de três milhões de anos, o que levou Ujvari a imaginar que tanto o *Homo habilis* quanto o *erectus* conviviam com esse micróbio.

Ujvari ainda demarca nosso encontro com outro importante vetor de doenças – o piolho – responsável por várias epidemias, entre elas a do tifo. Há 5,5 milhões de anos, pode ser localizado o ancestral comum entre os nossos piolhos e os dos macacos. Dos homininios africanos, aqueles insetos possivelmente passaram para outros hospedeiros durante a migração do *Homo erectus* (há cerca de 1,2 milhão de anos) para fora da África, de onde ocorreu o encontro com espécies diferentes – entre elas, a nossa. A hipótese é que, por algum tempo, grupos de *erectus* e *sapiens* conviveram ou estiveram demasiadamente próximos uns dos outros para que, do primeiro, herdássemos aqueles incômodos bichinhos. Em nosso caso, os piolhos se especializaram ainda mais graças ao posterior uso de roupas feitas com vegetais, peles e couro (por volta de 42 a 72 mil anos atrás, quando se supõe que os *sapiens* começaram a se vestir). Outro parasita parente do piolho, o chato, acomete principalmente as regiões pubianas e pode ter chegado a nós mediante o contato com gorilas (Ujvari, 2019, pp. 51-55).

Durante a epidemia de ebola – o nome da doença se deve ao rio Ebola, pertencente hoje à República Democrática do Congo –, que ocorreu nos antigos Zaire e Sudão em 1976, descobriu-se que os doentes acometidos no primeiro país tinham mais alta taxa de mortalidade do que no segundo. Estudos genéticos posteriores detectaram vírus primos que tinham um ancestral comum de mil ou dois mil anos atrás. Este, por sua vez, tinha se separado de um vírus avô há cerca de sete mil anos. Pois foi esse ancestral que teve duas descendências: o vírus ebola, que sofreu mutações no decorrer dos séculos, e o terrível vírus de Marburg, descoberto em 1967 (Ujvari, 2019, p. 181).

Se, por um lado, os primeiros grupos humanos eram vitimados por agentes invisíveis, havia a tentativa de se criar alternativas que auxiliassem as pessoas a enfrentarem problemas de saúde, de onde surgiram algumas técnicas rudimentares empregadas em tempos pré-históricos. Entre elas, estava a trepanação do crânio encontrada em fósseis, cuja finalidade poderia ser a diminuição da pressão intracraniana causada por traumatismos (cf. Scliar, 1999, p. 14).

O que contam as múmias americanas

Na pré-história americana, animais migravam com muita intensidade em ambos os sentidos por meio do istmo do Panamá, o que facilitava a propagação de agentes patógenos entre espécies: "A fauna das Américas evoluiu enquanto aguardava o surgimento do homem moderno. Seres microscópicos também evoluíram nesse continente no mesmo período. Doenças infecciosas avançariam nos humanos à época de nossa chegada" (Ujvari, 2019, p. 64).

Descobriu-se, em esqueletos de bisões de 17 mil anos atrás, a presença de material genético da bactéria que causa a tuberculose. Além disso, coprólitos preservaram parasitas como o verme oxiúro e o ancilóstomo (*Ancylostoma duodenale*) em indígenas mortos há mais de dois mil anos em terras do Brasil. Em múmias chilenas, peruanas e brasileiras de mais de três mil anos, há vestígios da sorrateira lombriga (*Ascaris lumbricoides*). E a ancilostomose, o popular "amarelão", que acometia o famoso personagem Jeca Tatu, de Monteiro Lobato, era um parasita possivelmente vindo com os grupos humanos que chegaram às Américas via Beríngia ou por viagens marítimas a partir das ilhas da Oceania. Inicialmente nômades, eles foram se expandindo pelo continente. Alguns adotaram a vida sedentária, criando aldeias e cidades e desenvolvendo estradas, plantações e rotas de comércio. Por volta de 800 d. C., uma grande seca se abateu sobre o império maia e pode ter facilitado a presença de epidemias naquele povo, cuja civilização se arruinou.

Em outros casos, os patógenos do continente americano estavam nas florestas e cerrados à espera do recém-chegado invasor, como é o caso do parasita *Trypanosoma cruzi*, que evoluiu em vários animais durante milênios e preferiu se alojar em um inseto popularmente chamado de "barbeiro" (*Triatoma infestans*). Ujvari informa que indícios dessa doença estão presentes em múmias chilenas, peruanas e mexicanas (Ujvari, 2019, pp. 66-76). E o bacilo da tuberculose também acompanhou por séculos os indígenas, o que se comprova em múmias do Canadá e dos Estados Unidos.

Antiguidade: o castigo dos deuses

Entre pragas e maldições

A Antiguidade é marcada por um longo período em que, em diversas civilizações, se lidava com a doença como sendo resultado de ira ou castigo divino e de influência dos astros. Entre as enfermidades, estava descrita a gripe, creditada à exalação de miasmas pútridos de pântanos e brejos. Pessoas que hoje estão eternizadas nos livros de história sucumbiram devido a infecções, como é o caso de Alexandre, o Grande, que morreu na Babilônia em 323 a. C., aos 32 anos, com um quadro infeccioso que o deixou acamado por duas semanas. Supunha-se que ele tenha sido vítima da malária, do tifo ou da pneumonia. Além disso, a febre do Nilo Ocidental, de origem viral, também se fazia presente na Antiguidade, e o famoso conquistador macedônio faleceu justamente na estação do ano com maior proliferação de mosquitos na região do atual Iraque. Há, porém, os que creem que ele foi acometido por uma sepse grave causada por necrose pancreática aguda, a qual se desenvolveu por uma colelitíase (ligada a cálculos biliares), pelo vício em álcool e pela ingestão frequente de alimentos gordurosos. Há ainda cientistas que supõem que Alexandre era portador de síndrome de Guillain-Barré, doença autoimune que ataca o sistema nervoso. Ainda que a causa da morte de Alexandre permaneça um mistério, ela fez com que os vastos domínios conquistados por aquele líder fossem se desintegrando aos poucos.

Na Babilônia, no famoso Código de Hamurabi (de cerca de 1700 a. C.), o artigo de número 215 previa boa recompensa em prata para um médico bem-sucedido; porém, caso ele não fosse feliz ao tratar o doente, suas mãos deveriam ser cortadas. E era grande a proliferação de divindades ligadas a sintomas fisiológicos e doenças na Mesopotâmia: "Demônios encarregavam-se de proporcionar males específicos: Nergal trazia a febre, Namtaru, dor de garganta, Tiu, dor de cabeça. Havia divindades de cura, Ningishzida, cujo símbolo era uma cobra de duas cabeças – a serpente viria a se tornar depois o emblema da medicina" (Scliar, 1999, pp. 23-24).

Os antigos hindus também tinham seus receios com as epidemias, principalmente as de malária, cólera e varíola – doenças que acometeram muitos povos. Textos de outras épocas pediam que as pessoas abandonassem locais epidêmicos e cuidassem muito bem da água e dos alimentos. Uma técnica que tanto hindus quanto chineses desenvolveram foi a chamada variolização, que consistia em inocular pessoas sãs com o líquido da pústula de um varioloso, o que, muitas vezes, funcionava como uma vacina (Scliar, 1999, p. 22).

Por sua vez, a Bíblia,[2] do Gênesis ao Apocalipse, está cheia de referências a doenças, pestes, pragas, tumores, feridas e maldições. Em I Samuel, Capítulo 6, o temido Jeová, deus dos hebreus, envia aos filisteus, que estavam em posse da arca sagrada, duas doenças: uma de "hemorroidas" (tumores) e outra transmitida por ratos, parecida com a peste bubônica. Havia ainda uma grande atenção para com

2 Para as referências bíblicas mencionadas nesta obra, cf. Bíblia (2018).

a lepra – espécie de "mal epidérmico geral" nos livros sagrados que, entretanto, pode nem sempre ter sido a hanseníase como é hoje conhecida, segundo alguns pesquisadores –, uma vez que a própria sífilis era muito presente na Antiguidade e poderia ter sido confundida com outras enfermidades. A lepra aparece, por exemplo, nos livros de Êxodo, Levítico, Números, Deuteronômio, II Samuel, II Reis e II Crônicas e nos evangelhos de Mateus, Marcos e Lucas.

> *Provavelmente sob o rótulo de lepra outras situações eram incluídas, mesmo porque não há muitas indicações de que a doença fosse frequente na Antiguidade. Um estudo de mais de 18 mil esqueletos recuperados em trabalhos arqueológicos não mostrou as lesões ósseas da enfermidade antes do sexto século a. C. [...]. E Celso, o famoso médico romano do primeiro século d. C., considerava-a rara [...]. Rosebury (1976, p. 47) sugere que as lesões em realidade fossem sifilíticas, o que justificaria as precauções bíblicas: a sífilis é mais contagiosa do que a lepra. (Scliar, 2001, p. 21)*

Em torno do chamado "leproso", criou-se uma vasta rede de tabus, preconceitos e superstições que perduram até hoje em certos povos: na Antiguidade e na Idade Média, aquele que era acometido pela enfermidade se tornava morto para a sociedade e tinha de viver com comunidades em lugares distantes dos centros urbanos – tornava-se, assim, um proscrito.

A peste era outra terrível doença genérica cujas referências aparecem em Êxodo, Levítico, Deuteronômio, II Samuel, I Reis, I e II Crônicas, Jó, Salmos, Jeremias, Ezequiel, Habacuque, Zacarias, Atos e Apocalipse, quase sempre na forma de ameaça ou castigo divino.

Além disso, era muito comum que alguém fosse castigado por Deus e passasse a ser portador de algum mal ou aflição. É o caso do rei Nabucodonosor, que morreu aos 70 anos em 562 a. C. Contam os relatos que, em certo momento da vida, ele se vangloriava da grande Babilônia, capital de seu vasto império, quando, ainda pronunciando as palavras que lhe vinham à boca, uma voz descida do céu o teria amaldiçoado por conta de tanta empáfia. A narrativa pode ser acompanhada no capítulo quatro do livro de Daniel. De forma resumida, Nabucodonosor – o segundo, pois há vários com esse mesmo nome – foi condenado a se apartar do mundo dos homens e a se misturar aos bichos do campo, comendo do mesmo capim dos bois. Diz-se ainda que, em seu corpo molhado com orvalho, cresceram pelos como "penas" de águia, e que suas unhas se encompridaram e se curvaram como as dessa ave. A grotesca figura se tornou um monstro parecido com um lobisomem, ainda que híbrido com pássaro – e esse parece ter sido um dos mais antigos casos de descrição de licantropia que se tem notícia. Somente um criativo rei sonhador como esse – suas produções oníricas fascinam os estudiosos – podia ter ordenado a construção dos famosos Jardins Suspensos da Babilônia. O misterioso castigo que caiu sobre Nabucodonosor teria durado sete anos e se assemelhou a um doloroso período de loucura: o soberano parece ter vivido de fato como um animal, vindo a recobrar o entendimento das coisas posteriormente.

Já os antigos hebreus prescreviam vários ritos de higiene que certamente tinham relação direta com a proteção em relação a determinadas enfermidades, e talvez aí também resida a proibição de se comer carne de porco: de início, por ser um animal do qual não se aproveitava o leite, diferentemente de ovelhas, cabras e vacas; depois, por seu excesso de gordura não fazer bem à saúde, quando comida em demasia. Haveria, ainda, a possibilidade de contaminação humana por parasitas ao se ingerir a carne malpassada desse animal – o que poderia causar teníase ou triquinose – esta última, infecção causada por nematódeos da espécie *Trichinella*: "Encontraram seus ovos [os da tênia] em uma latrina de Jerusalém datada da época da invasão dos babilônios" (Ujvari, 2019, p. 28). O porco tampouco servia para puxar o arado. Coincidentemente, povos pastoris e seminômades, como os judeus da Antiguidade e os muçulmanos da Idade Média, acabaram por não inserir suínos em sua dieta.

Há mais de três mil anos, os habitantes da formosa ilha de Santorini, no Egeu, viajavam comercializando azeite de oliva e pedras vulcânicas, como a obsidiana, quando o local foi varrido por uma forte erupção que soterrou a maior parte do local. Cientistas dizem que o impacto ambiental foi tamanho que as nuvens que saíram da boca do vulcão podem ter alterado o clima a ponto de aquecerem o rio Nilo e permitirem a proliferação de algas tóxicas, o que teria dado uma coloração avermelhada às suas águas e causado a morte de peixes. Além disso, rãs e sapos fugiram daquele que antes era seu ambiente natural e invadiram as cidades. As pessoas passaram a morrer de fome e, em seus cadáveres, espalhados por toda parte, começaram a proliferar mosquitos vetores de doenças que podem acometer tanto pessoas quanto animais domésticos.

É possível ainda que uma espessa nuvem de fumaça vulcânica tenha coberto os céus do Egito, prenúncio da queda de rochas incandescentes. O assentamento das cinzas que caíram também colaborou para alterar o clima e facilitar, quem sabe, a presença de bandos de gafanhotos famintos. Os dias escuros também se tornaram mais frios e úmidos, e fungos podem ter infectado os cereais que alimentaram e intoxicaram o filho do então faraó. Essa é uma explicação fictícia, mas bastante curiosa do que poderiam ter sido algumas das "pragas do Egito" (Ujvari, 2011, p. 137).

Hipócrates: o nascimento da clínica

Um dos nomes mais famosos da Antiguidade é o de Hipócrates de Cós (*circa* 460-377 a. C.), chamado de pai da medicina. Moacyr Scliar (2002, p. 26) explica que a medicina da Grécia possuía algumas vertentes: a primeira era exclusivamente religiosa e praticada nos templos de Asclépio,[3] deus da medicina, e nos de suas filhas Higeia – deusa da saúde – e Panaceia – deusa da cura. Em português, se diz "hígido" para alguém saudável, enquanto "panaceia" se refere a elixires, beberagens, garrafadas ou tônicos a que se atribua a capacidade de curar várias doenças. Havia ainda uma vertente mais empírica, e nesta se insere o próprio Hipócrates, para quem a epilepsia, por exemplo, considerada pelos gregos uma doença sagrada, teria causas naturais. A aura de preconceitos que sempre rodeou aquela enfermidade prosseguiu pelos séculos, a exemplo do que se lê no romance naturalista *Bom-Crioulo*, publicado em 1895, quando um personagem em crise epiléptica – chamada vulgarmente de "gota" –, caído em uma rua do Rio de Janeiro, vem a ser socorrido pelo protagonista:

> *Os moradores debruçavam-se às janelas, esticando o pescoço com uma interrogação no olhar. Um oficial de bombeiros passou correndo para o lugar do "acontecimento". Gente punha-se em pé nos bondes. O padeiro, em mangas de camisa, chegou à porta, com um lápis atrás da orelha, arrastando os chinelos.*
>
> *Bom-Crioulo supôs logo que fosse algum "rolo"[4] e precipitou-se, abrindo caminho. Era um sujeito acometido de gota, que se espojava no chão, babando, o rosto ensanguentado, a barba suja de areia, em contorções horrorosas.*
>
> *Caíra de repente, ao sair da venda. (Caminha, 1983, p. 51)*

Hipócrates foi também conhecido por seus aforismos, gênero de escrita que se tornaria padrão por séculos e séculos em compêndios de medicina (a exemplo de "A vida é curta, a arte é longa, a oportunidade é fugaz, a experiência, enganosa, o julgamento, difícil", já tão

3 O Esculápio dos romanos.

4 Confusão, briga, na gíria da época.

presente no domínio público), e também pelos preceitos que deveriam ser seguidos por quem quisesse participar da profissão.

A grande contribuição hipocrática foi demarcar o fim do misticismo e o início da observação clínica, proporcionando a compreensão de que interações ruins do ser humano com meio ambiente poderiam resultar em doenças. Os textos chamados de *Corpus hippocraticum* (ou *Coleção hipocrática*), reunidos por volta de 300 a. C., compreendem 53 tratados atribuídos ao pai da medicina, ainda que muitos deles tenham certamente outra autoria, dentre os quais *O juramento*, *Primeiro e terceiro livro das epidemias* e *Os aforismos*.

No âmbito do tratamento hipocrático, havia a prática da sucussão (o sacudimento do paciente para verificar presença de líquido no tórax) e o estudo da correspondência entre os chamados quatro humores, quatro elementos e quatro temperamentos (bile amarela – fogo – colérico; sangue – ar – sanguíneo; fleuma – água – fleumático; bile negra – terra – melancólico).

No decorrer de várias civilizações, estariam presentes diversos tipos de oráculos – constantemente consultados para que determinada cidade se visse livre de um mal desconhecido, por exemplo – e também o costume de se fazer a inspeção de vísceras de animais sacrificados para se saber sobre a cura de doenças. Em Roma, denominavam-se "áugures" ou "arúspices" os sacerdotes que observavam o voo, o canto, as entranhas ou o apetite de aves sagradas. Ainda hoje, a palavra "augúrio" (do latim *augurium*) remete a previsão e ensejo, como nas expressões "bons" e "maus" augúrios. E da mesma raiz deriva o cumprimento *auguri* ("felicidades", "parabéns") da língua italiana.

Os romanos tinham por hábito invocar Febre – a deusa que os protegia contra as febres e a malária – e a ela foram dedicados três templos em Roma. Também cultuavam Mefitis[5] – *dea odoris gravissimi*,

---

5 De onde provém a palavra "mefítico", por alusão a algum gás pestilento, fétido e tóxico.

ou seja, "a deusa dos odores fortíssimos" – para enfrentarem as doenças supostamente oriundas dos pântanos. Entre estas últimas, a malária era a mais temida, e atribui-se a ela importante papel na queda do Império Romano (Scliar, 1999, p. 36). O culto a Mefitis antecedia até mesmo a própria civilização romana:

> *When the cult of Mefitis was transferred to Rome, the lucus dedicated to her came to be topographically enclosed between the sanctuary of Juno as protector of childbirth and the sanctuary of Venus as the goddess of the subterranean world, namely between two divine entities that encompassed the whole biological cycle from birth to death. (Battiloro, 2017)*[6]

No âmbito das epidemias, os romanos foram assolados pelo sarampo e pela varíola, cujos vírus chegaram à Europa transportados nos corpos de legionários, viajantes e mercadores que provinham do Oriente Médio e do Egito: "Foram as pestes europeias dos séculos II e III d.C." (Ujvari, 2011, p. 160).

O enciclopedista romano Aulo Cornélio Celso (26 a. C. a 50 d. C.) também deixou contribuições para a área médica. Seguidor de Hipócrates, "ficou famoso pela enumeração dos sinais da inflamação: dor, calor, rubor, tumor, até hoje repetidos pelos estudantes de medicina" (Scliar, 2002, p. 32).

Por volta do ano 600 a. C., uma praga desconhecida se abateu sobre Atenas durante as guerras do Peloponeso e levou cerca de um terço de seus habitantes. Daquela vez – como em muitas outras –, os

6 "Quando o culto de Mefitis foi transferido para Roma, o lugar dedicado a ela acabou por ficar topograficamente entre o santuário de Juno, como protetora dos partos, e o santuário de Vênus, como deusa do mundo subterrâneo, ou seja, entre duas entidades divinas que englobavam todo o ciclo biológico do nascimento à morte" (tradução minha).

sacerdotes supuseram que algum de seus numerosos deuses havia se enfurecido contra o povo e, por isso, decidiram enviar um navio até a cidade de Cnossos, na ilha de Creta, a fim de se buscar um profeta renomado chamado Epimênides. Talvez ele pudesse pôr fim à peste. Chegando a Atenas, o visitante ficou impressionado com a grande quantidade de altares, imagens e objetos sagrados por toda parte na sábia cidade, a mesma em que o escritor Petrônio, do século I d. C., diria que era mais fácil encontrar um deus do que um homem.

Monoteísta e servidor de uma divindade estranha aos povos da Ática, Epimênides pediu aos consternados sacerdotes um rebanho de ovelhas e informou que pedreiros deveriam ser convocados para construírem altares sobre os quais aqueles animais seriam posteriormente sacrificados. Curiosos, os atenienses perguntaram a qual divindade as aras seriam consagradas. Epimênides, porém, disse-lhes que, pelo fato de não conhecerem o novo deus que porventura estava causando tantos males, ele próprio não poderia lhes dar um nome adequado. Então, surgiu a ideia de grafarem *agnosto Theo*, "a um deus desconhecido", em cada um daqueles altares.

Após realizado o holocausto, a praga milagrosamente desapareceu. Dizem que, tempos depois, vários vândalos demoliram os altares sacrificiais, mas como os atenienses eram excessivamente religiosos, dois de seus anciões pediram que pedreiros restaurassem uma daquelas aras, nela deixando a inscrição de antes. Séculos mais tarde, Paulo de Tarso, ao visitar a bela cidade, dirigiu-se ao altar dedicado ao deus desconhecido localizado no Areópago – local da cidade que funcionava como tribunal e conselho –, e lá proclamou ao povo o seu deus único.

Esse episódio ilustra o desespero que se abatia sobre as pessoas quando surgia alguma doença contagiosa. Sem saber a que atribuir a causa natural, enveredavam por explicações sobrenaturais. A história da medicina – ciência tão jovem, considerando-se a civilização em todo o seu percurso – mostra-se como uma epopeia dividida entre ensaios e aventuras nos quais se percebem muitos erros, alguns acertos, sorte para poucos e o acaso para a maioria. Seus fatos compõem uma coletânea de arroubos estupefacientes que podem ser descritos como efemérides que se compilam, daqui e dali, na literatura especializada.

Idade Média: sacrifícios, relíquias e poções mágicas

Com a queda do Império Romano e a entrada no que hoje chamamos Idade Média, período de mais ou menos mil anos, as práticas médicas permaneceram, em sua maior parte, adjungidas ao paganismo e às religiões do livro – judaísmo, cristianismo e islamismo. Eram conhecidas ervas como a mandrágora, por exemplo, cujo pequeno tubérculo, ao ser arrancado do solo, se assemelharia a um feto ou a um corpo humano. Também se dizia que tal planta liberava um grito ao ser extraída. Mandrágoras seriam ainda tipos de diabretes familiares de caráter benfeitor e solícito, criados com as raízes da mesma planta, os quais costumavam ser representados na forma de estatuetas, assim como os "lares" romanos ou os fetiches africanos.

As invasões bárbaras trouxeram novos hábitos e costumes para a Europa e, se algum empirismo ainda resistia no âmbito da saúde, esse se deve aos compêndios árabes – com contribuições de Averróis, Avicena, Maimônides, por exemplo – e às obras gregas acolhidas por séculos dentro dos mosteiros.

> *Os assuntos abordados [por Maimônides em suas obras] dão uma ideia do que era a medicina naquela época: órgãos do corpo humano, humores, bases e métodos da arte médica, pulso e sua interpretação, sinais de doença na urina, causas e sinais de doenças, febres, sangria, purgas, vomitórios, cirurgia, doenças das mulheres, regras para a saúde, exercício, banho, comida e bebida. (Scliar, 2001, p. 40)*

Porém, o acesso a qualquer conhecimento menos apegado a crendices era uma exceção e privilégio de poucos. Entre os campesinos europeus, palavras e poções mágicas conviviam em um mundo habitado por criaturas fantásticas oriundas da imaginação popular, e também pelos seres matriciais dos bestiários, muitos dos quais possuidores de atributos de cura (cf. Messias, 2022b, para saber mais sobre os bestiários). Dessa forma, Santa Apolônia, devido ao suplício que sofreu, socorria os que tinham dor de dente. Peregrinações à tumba de Santo André atraíam os corcundas. Santo Anastácio curava os abobados e apalermados que tocassem em suas relíquias. Desde então, ele passou a ser invocado em tentações e em casos de possessão demoníaca porque suas relíquias teriam curado um médico persa possuído. Também não eram incomuns autoflagelos, práticas até hoje encontradas em certos rituais cristãos, pedindo purificação da alma do pecador mediante a imolação corporal. Procissões e pedidos de intercessão de santos faziam parte de rituais que suplicavam o fim de epidemias, como a famosa cruz de São Marcelo, cuja história está ligada ao fim da peste de 1522, e que foi usada pelo Papa Francisco em 2020 para pedir o fim da pandemia do covid-19. Cosme e Damião, os santos gêmeos que curavam, também fulguravam entre as predileções medievais. Tais comportamentos religiosos mostram como o corpo humano continuava como receptáculo do sagrado e templo de Deus, de maneira que não podia haver estudos anatômicos por parte dos estudiosos da época, muito menos práticas cirúrgicas – estas sempre atribuídas aos barbeiros, cuja profissão ganhava condição inferior perante a do médico. Entre outras estranhezas do período medieval, pode-se citar:

> *Sextus Placidus tratava febres com uma lasca de porta por onde um eunuco houvesse passado. Marcellus Empiricus curava abscessos tocando-os com três dedos da mão esquerda, cuspindo e repetindo três vezes uma fórmula*

mágica. São Patrício quase foi morto por um druida invejoso que lhe deu cerveja envenenada; salvou-se porque fez o sinal da cruz sobre o copo, recitando ao mesmo tempo uma fórmula encantatória. (Scliar, 2001, p. 51)

Uma superstição muito comum nos períodos medievais finais eram as curas mediante a imposição de mãos de reis e imperadores, entre eles Luís VI, Filipe I e Henrique II. E ainda:

> *Os reis da Hungria vangloriavam-se de curar a icterícia, assim como os reis da França curavam as escrófulas,*[7] *e os da Borgonha dissipavam a peste.*

Na região de Reuss, atribuem-se as pestes e as diversas epidemias a uma grande diaba magra, notável por seus longos cabelos negros e sórdidos. Ela atravessa os ares em uma carruagem negra e caminha seguida de numerosas filhas do inferno, que espalham por toda parte os germes da morte (Plancy, 2019, p. 700).

No medievo é que foram criados os hospitais, muito mais depósitos de enfermos que aguardavam a morte do que outra coisa e, por isso, eram lugares temidos e detestados. Algumas escolas de medicina foram fundadas no período, como a de Paris, Montpellier, Salerno, Pádua e Bolonha. E ainda: "o hospital bizantino era chamado de xenodóquia (do grego *xenos*, estrangeiro); acolhia os forasteiros, assim como outros hospitais recebiam os peregrinos, os velhos, as crianças abandonadas" (Scliar, 2001, p. 52).

Contudo, na história da medicina e das epidemias, nada foi tão marcante quanto a terrível peste negra – a peste bubônica bacteriana transmitida pela pulga de ratos –, cuja memória nos persegue o

---

7 A escrofulose, uma tuberculose ganglionar que se manifestava com a presença dos bacilos de Koch fora dos pulmões, hoje muito rara, era outra das enfermidades temidas na Idade Média.

imaginário tantos séculos depois. Ela aparece e reaparece em diversos momentos da história: ainda no século II da era cristã; depois, nos séculos VI e VII, mas a pior pandemia de peste foi a do século XIV, que devastou enormes populações no Velho Mundo.

Um dos possíveis motivos para a presença massiva dessa moléstia foram as grandes transações comerciais, que impeliram navios e caravanas de homens, cavalos e camelos para os locais mais recônditos do mundo. Esse ir e vir tanto levava quanto trazia enfermidades, e a peste deflagrou-se em Florença em 1348. Giovanni Boccaccio, como nos lembra Scliar (1999, p. 55), inspirou-se nesse flagelo para escrever seu *O Decamerão* (cf. Boccaccio, 2018). Porém, o início do surto pode ter se dado quando foram usados corpos infectados como "armas biológicas":

> *Mercadores italianos que faziam a rota para a Ásia Central foram sitiados na cidade de Caffa (Crimeia) pelos tártaros, entre os quais surgiu a epidemia. Cadáveres de pestosos teriam sido lançados por cima das muralhas, infectando os italianos. Voltando a Gênova, eles levaram a doença consigo. (Scliar, 1999, p. 56)*

A peste negra (1348-1350) matou cerca de um terço da população da Europa. As explicações do período para tal flagelo chegaram até mesmo a ser esdrúxulas: alertava-se sobre o perigo dos banhos, que desbloqueariam os poros e facilitariam a contaminação por miasmas emanados da terra pútrida – e há gente que ainda hoje pensa assim. Isso propiciou gerações de populações imundas, ainda mais propícias a infecções, cujas roupas, rentes à pele, levavam o crédito de proteger ainda mais a pessoa. Além de tudo, o somatório de suores e fluidos variados ocasionava problemas dermatológicos.

No mesmo contexto de superstições, os ventos eram vistos com tanta imaginação que se acreditava condensarem, nos ares agitados que traziam – formando redemoinhos e circunvoluções –, populações inteiras de seres pequeninos, os quais, mais tarde, o médico Paracelso (1493-1541) chamaria de silfos ou sílfides. Segundo os alquimistas, esses elementais seriam solícitos e até mesmo bons servidores aos praticantes das artes das magias.

Ainda em tempos medievais, o tramontana, vento que sopra desde as zonas boreais, entrava em Barcelona pela serra do Collserola, causando pavor nos moradores, pois se acreditava que moças expostas a ele poderiam engravidar. Por isso, a parte amuralhada da cidade era útil para se evitar maiores incômodos, servindo como quebra-vento. Segundo pastores e agricultores, ventanias avermelhadas que costumavam varrer, em dezembro, as plantações dos Pirineus Orientais traziam prejuízos para as colheitas. Os mais temerosos acreditavam que, dentro de um pé de vento, se ocultava sempre um ser demoníaco, e que a poeira levantada serviria para ocultar as pegadas do maligno (Prats; Padilla, 2017, p. 148). Tradicionalmente, no interior dos torvelinhos habitaria sempre um diabrete, como se dá na lenda do saci no Brasil. E o poder mágico daquele fenômeno da natureza dotava a criaturinha da capacidade de conduzir as doenças de um lugar para outro.

Aos surtos e epidemias de doenças variadas somavam-se a fome constante, a luta pela sobrevivência em meio a assaltos, assassinatos e guerras, bem como questões sanitárias de certa constância e permanência – como a malária, a diarreia, a varíola, os problemas da gravidez e do parto e a morte de crianças prematuras e recém-nascidas. A alta mortalidade infantil era também agravada pelo infanticídio.

Os europeus não conseguiam lidar de forma bem-sucedida com as epidemias. Era comum fazerem fogueiras nas esquinas dos vilarejos e das cidades, nas quais ardiam sais aromáticos, ou, então, dispararem tiros de canhões para se tentar acabar com uma doença. Tal crendice visava a eliminar a peste que estava nos ares. A ideia de miasmas como portadores de enfermidades se refletiu até mesmo no século XVII: para buscar combater a peste bubônica, Charles de

Lorme, médico da realeza francesa, criou as assustadoras máscaras em forma de cabeça de pássaro com olhos de vidro, em cuja parte oca do bico se colocava como "filtro" a teriaga – um conjunto de mais de 55 ervas e especiarias, considerado um antídoto para o envenenamento desde a Grécia Antiga –, a fim de que os médicos se protegessem contra a epidemia e conseguissem suportar os odores fétidos. A indumentária também era composta por uma camisa enfiada nas calças, que, por sua vez, eram embutidas em botas, além de um casaco revestido com cera perfumada – para impermeabilizá-lo e evitar que líquidos entrassem em contato com o corpo do usuário –, luvas e chapéu de aba em couro de carneiro, além de uma varinha e de uma colher comprida para se afastar os doentes. Acreditava-se que essa aparência feia assustava o "agente" que estaria na nuvem tóxica miasmática, protegendo, assim, quem estivesse sob os tecidos – mas aquilo logo se transformou em uma espécie de representação assustadora da morte. Tempos depois, a vestimenta se tornaria inspiração para fantasias na *Commedia Dell'Arte* e no carnaval veneziano.

O extermínio de povos originários pelas doenças europeias

Se há um período no qual agentes patógenos dizimaram populações inteiras que não apresentavam imunidade a eles foi durante a descoberta do continente americano e das terras brasileiras e também nos posteriores séculos de exploração dos povos autóctones e escravização dos africanos. O século XVI foi especialmente mortal para grupos indígenas que recebiam cada vez mais a presença dos invasores europeus: não apenas ideologias e religiões lhes foram impostas, mas também bactérias e vírus. As mortes em massa representavam, para o invasor, a certeza de que Deus não era condizente com as práticas religiosas das civilizações americanas. A discussão do fatídico encontro dos europeus com os "outros" americanos está bem delineada em uma das obras clássicas de Tzvetan Todorov, da qual extraio o excerto a seguir:

> *em 1500 a população do globo deve ser da ordem de 400 milhões, dos quais 80 habitam as Américas. Em meados do século XVI, desses 80 milhões, restam 10. Ou, se nos restringirmos ao México: às vésperas da conquista, sua população é de aproximadamente 25 milhões; em 1600, é de 1 milhão.*
>
> *Se a palavra genocídio foi alguma vez aplicada com precisão a um caso, então é esse. (Todorov, 1988, p. 129)*

Todorov afirmou que a destruição qualitativa e quantitativa daquelas culturas do século XVI se deveu a assassinatos diretos, a maus-tratos e também a enfermidades – o "choque microbiano" que populações americanas inteiras sofreram (1988, p. 129). Nesse terceiro caso, o das doenças, "os índios estavam particularmente vulneráveis a elas por estarem exauridos pelo trabalho e não gostarem mais da vida" (p. 131). Sem o saber, os invasores realizaram uma guerra bacteriológica. Aquilo parecia uma consecução de pragas enviadas por Deus para livrar a nova terra de suas gentes consideradas pagãs pelos cristãos: a primeira foi a da varíola; depois, a da fome – uma vez que, adoecidos em massa, os indígenas não conseguiam cuidar uns dos outros. A próxima epidemia foi a de rubéola, onze anos depois da primeira (p. 132).

Já as contribuições por parte dos nativos para com os conquistadores foram generosas, sobretudo no que dizia respeito à troca de conhecimentos. Por exemplo, índios do Peru ensinaram aos jesuítas o uso do quinino para várias situações de enfermidades, não apenas para a malária. Logo chegou ao Velho Mundo uma nova botânica, representada pelo guaiaco – antissifilítico –, pela salsaparrilha, pelo sassafrás e pela folha da coca (Scliar, 2001, p. 54). No litoral brasileiro, personalidades como o padre Manuel da Nóbrega escreveram sobre os aspectos saudáveis dos "filhos da terra", os quais, entretanto, não se manteriam daquele jeito por muito tempo por conta dos patógenos trazidos pelos europeus. Entre as várias epidemias que assolaram o continente americano de norte a sul, a do sarampo e a da varíola estiveram entre as mais severas.

A medicina colonial brasileira não era muito diferente daquela praticada no resto do continente: prescrevia-se muita cachaça, canja de galinha, marmelada, azeite, vinho e vinagre para pessoas doentes. Pajés conheciam uma infinidade de plantas que, posteriormente, foram incorporadas à medicina popular e também apropriadas pelas empresas farmacêuticas, a exemplo do jaborandi (para problemas nos olhos, na boca e na pele) e da ipeca (para vômito e diarreia). Tanto na colônia quanto no Império, medicamentos para diversos males provinham das hortas e das matas, pois poucos tinham condições de ir aos boticários ou farmacêuticos. Médicos eram apenas para os muito ricos.

Ainda no século XVI, foi fundado o primeiro hospital do Brasil, a Santa Casa de Santos (1543); anos depois, surgiu a Santa Casa de Salvador (1550). Como na Idade Média, os hospitais continuavam a ser lugares temidos e evitados – às vezes, eram usados para o isolamento de pacientes com doenças graves ou desconhecidas. A falta de saneamento e de condições adequadas de alimentação e de higiene naquelas aglomerações humanas propiciava muitos males e uma expectativa de vida baixa, e os hospitais ainda tinham de atender os que chegavam das exaustivas viagens transatlânticas, funcionando assim como uma espécie de "pousada". Muitas vezes, os viajantes vinham acometidos por surtos causados por agentes patógenos que iam sorrateiramente se proliferando entre os passageiros e pela tripulação durante o próprio tempo de incubação da doença. Assim, vírus e bactérias iam se transferindo de doente a doente. No século XVII, navios negreiros trouxeram a febre amarela para Barbados, no Caribe. De lá, o vírus se espalhou por todo o continente (Ujvari, 2019, p. 162).

> *O Atlântico foi transposto pelos vírus da gripe, febre amarela, sarampo e varíola, todos rumo à América. [...] Alguns vírus desembarcaram no interior do organismo debilitado de marinheiros doentes, enquanto outros dentro de mosquitos intrometidos que apanharam carona transatlântica nas coleções de água dos navios. (Ujvari, 2011, p. 160)*

Poucos agentes infecciosos se extinguiam de fato durante o longo tempo de travessia dos oceanos, a exemplo da bactéria causadora da cólera, que reinava nas chamadas Índias Orientais. Quando restrita ao ambiente das embarcações, esta desaparecia no decorrer do percurso pelo Índico e durante o contorno da costa africana até que se atingissem os portos europeus.

Micróbios no Renascimento e no Iluminismo

Na Renascença, vamos encontrar Leonardo da Vinci, um gênio multifacetado, dissecando cadáveres à luz de velas no necrotério de Santo Spirito: "[ele] estuda os músculos, as válvulas venosas, as coronárias; cria o engenhoso método de injeção de cera líquida nas cavidades para assim melhor revelar as estruturas do corpo; deixa centenas de desenhos" (Scliar, 2002, p. 34).

Porém, apenas em 1482, a Igreja – representada pelo Papa Sisto IV – autorizou a dissecção de cadáveres, o que ganhou representação em *A lição de anatomia do dr. Tulp*, célebre quadro de Rembrandt inspirado em Claes Pietersz, médico apaixonado por tulipas. Uma nova era começava para a medicina, que se beneficiou com as contribuições de Andreas Vesalius (1514-1564), autor do tratado de anatomia intitulado *De humani corporis fabrica*. O nome da obra já traz um *air du temps* pré-cartesianismo e pré-Revolução Industrial: o corpo visto como fábrica – ou seja, um conglomerado de aparelhos e maquinarias.

Vesalius dissecou cadáveres humanos, concluindo que Galeno, que havia dissecado outros animais, errara muito. Moacyr Scliar lembra que *De humani corporis fabrica* determinava que as doenças deveriam ser tratadas por meio de dieta, medicamentos e manipulação (2002, p. 40), tríade até então aconselhada apenas aos escravos, boticários e barbeiros, respectivamente. Outros ainda vieram dar novo fôlego à área médica, entre eles Paracelso, alquimista, astrólogo e médico que aprendeu "anatomia com açougueiros e cirurgia com barbeiros" (2002, p. 41), para quem as doenças se deviam ao *mysterium magnum*, ou seja, à atmosfera misteriosa em que todas as coisas estavam mergulhadas. Essa também foi a época de Gabriele Fallopio, anatomista colega de Vesalius, e de Fabrizio d'Acquapendente, o pai da embriologia.

Na mesma época, Ambroise Paré, não apenas o maior cirurgião do Renascimento, mas um teratologista *avant la lettre*, ficou conhecido pela simplicidade com que entendia o atendimento cirúrgico: cortar o mole, serrar o duro, ligar o que sangra. Ferimentos de guerra eram tratados com cauterização à base de óleo fervente. Para as feridas, gema de ovo, óleo de rosas e terebintina: "Tratar dos feridos era parte das atribuições dos barbeiros-cirurgiões, membros da confraria de São Cosme, da qual Paré fazia parte, como seu pai e seu avô" (Scliar, 2002, p. 53).

Dotado de extremo senso prático e crítico ferrenho dos médicos que apenas liam para aprender medicina, Paré fabricou pinças homeostáticas, criou próteses e aprimorou o bem-estar geral dos doentes acamados mediante uma espécie de chuveiro que gotejava água em uma bacia, o que, segundo ele, facilitava o sono ao imitar a chuva caindo.

Com o passar do tempo, a mecânica, a física e a química entrariam no campo da medicina, e surgiriam descobertas como o termômetro clínico, que media a "perda de vapor pela pele", mas que foi efetivamente usado pela medicina apenas duzentos anos mais tarde.

A sífilis e a xenofobia

O nome "sífilis", o "grande mal" que acometia a civilização desde muito tempo, apareceu pela primeira vez em um poema do médico Girolamo Fracastoro, "Syphilis sive morbus gallicus" ("Sífilis ou doença francesa", em tradução livre), no qual havia a figura de um pastor chamado Syphilis. Fracastoro já tinha descrito o tifo em sua obra *De contagione* (*Do contágio*). Em 1546, ele propôs que doenças infecciosas eram causadas por partículas transferíveis (os "esporos", que podiam ser tanto entidades vivas quanto mortas, também denominados *seminaria contagium* – "sementes de contágio" – ou *virus*), as quais eram transmitidas por contato direto ou indireto, ou, ainda, sem contato algum e atravessando longas distâncias. De certa forma, Fracastoro foi precursor da teoria dos germes, que só nasceria três séculos depois.

Os tratamentos para a sífilis se baseavam no uso do mercúrio e do guaiaco, este último uma planta usada pelos índios do Caribe e da América do Sul levada ao Velho Mundo pelos invasores europeus. O mercúrio era tido como um metal com conotações sexuais – herança do pensamento alquímico – e estava associado ao feminino. Além disso, na mitologia, Mercúrio teve um filho intersexuado com Vênus. Dessa sua amante, proveio a palavra "venérea".

Não se sabe até hoje de onde a sífilis de fato surgiu, mas suposições premeditadas giravam em torno do Novo Mundo e de países inimigos: "A coincidência da época de sua descrição e o regresso das embarcações de Colombo sugere que os espanhóis infectados em solo americano levaram a sífilis. Os opositores dessa hipótese alegam que a doença já existia na Europa" (Ujvari, 2019, p. 86). Aquela enfermidade foi regida por preconceitos étnicos e revelou a xenofobia dos que a rebatizavam daqui e dali. Para Scliar, "assim como a lepra foi a doença da antiguidade bíblica, a peste caracterizou o medievo e a tuberculose seria depois a doença dos românticos, a sífilis retrata maravilhosamente as contradições dessa época de transição que foi o Renascimento" (2002, p. 42).

O nome da sífilis variava de acordo com a procedência: foi chamada de "mal francês" quando Nápoles estava ocupada pelos franceses; estes, por sua vez, a denominavam "mal de Nápoles" ou "doença espanhola". E os espanhóis devolviam a acusação: para eles, tratava-se de uma enfermidade napolitana. Os russos a chamavam de "doença polonesa". Os poloneses e persas diziam ser uma "doença turca"; para os turcos, era a "doença cristã". Os habitantes do Taiti a apelidaram de "doença britânica". Os indígenas da América do Sul diziam ser a "doença portuguesa". Para os japoneses, era a "varíola chinesa".

Independentemente da origem, trata-se de uma doença que se alastrou quando o excesso de moralismo cedeu às relações extraconjugais, as quais se tornavam mais aceitáveis. A transmissão se dava basicamente por contato sexual e estava fortemente associada ao pecado, à vida boêmia e aos prostíbulos. "Enquanto a peste, no século XIV, desencadeava a histeria coletiva (flagelantes, dança de São Vito, massacre de judeus), a sífilis era considerada um problema individual" (Scliar, 2002, p. 44). Na literatura brasileira do século XIX, por exemplo, encontramos resquícios do preconceito em relação à origem da sífilis: "No Ceará não se encontravam mulheres públicas de certa ordem. Tudo era uma récua de meretrizes imundas, carregadas de sífilis até aos olhos. Os rapazes viviam se queixando de moléstias secretas" (Caminha, 1982, p. 60).

Os médicos da morte

Os médicos, que então se paramentavam com as já descritas esdrúxulas vestes negras e o capuz com um bico que se estendia na frente do nariz e da boca, costumavam ser contratados para trabalhar em cidades nas quais houvessem epidemias. Eles eram, em geral, menos habilitados e mais jovens do que os médicos mais antigos. Tal profissão, naquela época, não era tão prestigiada, já que a probabilidade de um doente morrer com ou sem assistência era praticamente a mesma.

Até avançar o conhecimento científico sobre a parte interna do corpo humano e surgirem as teorias microbianas, isso séculos mais tarde, os médicos ficavam reduzidos a meras figuras pouco creditadas, ainda que necessárias por falta de a quem recorrer. Alguns sequer tinham formação acadêmica: prescreviam ar fresco, água pura, sangrias mediante sanguessugas, beberagens, orações, penitências e autoflagelamentos, em épocas em que as doenças ainda mantinham relações muito diretas com as punições divinas. Para casos de febre, por exemplo, era indicada a depleção ou venessecção – a popular sangria –, cuja referência ainda persiste no nome de uma das mais importantes revistas médicas, *The Lancet* – a lanceta, instrumento que perfurava a veia do doente.

Micróbios na Idade Contemporânea

Do século XVIII para cá, a medicina se transformou completamente quanto ao tratamento das doenças e ao entendimento do enfermo. Aos poucos, a área médica passou a depender e a se beneficiar das tecnologias. Com isso, a expectativa de vida se prolongou, ainda que tenhamos hoje bilhões de pessoas apartadas de benefícios sanitários e medicamentosos em regiões em que não há serviços médicos.

Michel Foucault nos conta que, no século XVII, existiu a chamada "nau dos loucos" ou "nau dos tolos" – *das Narrenschiff*, em alemão –, que navegava pelos rios da Renânia e pelos canais de Flandres recolhendo toda sorte de gente considerada maluca (1978, pp. 12-13). Nessa tétrica invenção, a antiga conjunção entre água e demência ganhava materialidade para se tentar controlar os considerados desajustados mentais, apartando-os da sociedade. Hoje, achamos um absurdo que, há cerca de dois séculos e meio, tal costume existisse. Entretanto, conforme venho discutindo neste livro, a história da medicina foi construída, na maior parte de sua existência, pela junção de religião, misticismo e práticas sem nenhum efeito sobre as enfermidades, o que representou uma conjugação de erros e acertos em busca de se proporcionar cura e bem-estar, ainda que tantas vezes a motivação tenha sido a vaidade dos pesquisadores, dos acadêmicos e dos médicos.

Já o século XVIII viu aparecer uma sociometria aplicada à medicina: a saúde passaria a ser mais amiga dos números, e a correlação entre o meio socioeconômico e as doenças ganharia maior proeminência:

> *Estudando a epidemia de varíola de 1838-1839, [William Farr] tentou estabelecer leis gerais: "As epidemias são aparentemente geradas a intervalos regulares em lugares insalubres, disseminam-se, seguem um curso regular e declinam; mas a causa de sua evolução é tão pouco conhecida quanto a dos paroxismos da gota". (Scliar, 1999, pp. 145-146)*

O que vamos encontrar, a partir do início do século XIX sobretudo, será uma especialização não apenas dos ramos da medicina, mas também da busca de um sistema para se classificar as doenças. O corpo humano passou a ser visto como um objeto de estudo – o que se reforça pela quantidade de novos aparatos criados naquele século para investigá-lo, a exemplo do estetoscópio, do laringoscópio, do oftalmoscópio e do medidor de pressão arterial.

Os avanços teóricos e científicos fizeram surgir correntes médicas diversas que iam se somando ou se dissipando umas em relação às outras: "Mirgagni localizou a doença no órgão, Bichat no tecido. A Rudolf Ludwig Carl Virchow (1821-1902) coube identificar a célula como a unidade básica da vida e da doença" (Scliar, 1999, p. 189). Xavier Bichat, um dos líderes da escola clínica de Paris, percebeu, ao dissecar órgãos, que estes se formavam por camadas, as quais denominou "tecidos".

Ainda no século XIX, o mundo, que se globalizava cada vez mais e contava com redes mais vastas de meios de transporte para ligar diversos pontos da Terra, não imaginava que blocos de gelo transportados das regiões frias dos Estados Unidos para regiões mais quentes do planeta poderiam levar consigo germes congelados. Moído, o gelo seria útil para conservar frutas, pescado e carnes. Isso facilitou a exportação de produtos que até então eram sazonais ou específicos de determinado lugar.

Em um curto período, rebanhos passaram a proliferar em países como Austrália, Argentina, Brasil e Estados Unidos. Em um número cada vez maior, animais confinados e maltratados seriam entendidos como meras arrobas de carne. Enormes monoculturas cobriram vastas planícies e pradarias do continente americano, atraindo pragas que exigiram a rápida *expertise* de inseticidas e pesticidas. Ao mesmo tempo, os fertilizantes químicos se tornavam capazes de aumentar o tamanho de legumes e hortaliças, acirrando a competição internacional. Nesses avanços, o trator foi um aliado importante. Em breve, o reinado da comida modificada e industrializada teria início: as fábricas se especializariam em conservantes, corantes e aromatizantes. A conservação em latas permitiria que ervilhas e tomates fossem preservados por anos.

Somados aos navios e trens, os caminhões e as aeronaves, no século XX, seriam responsáveis por transportar agentes patógenos insuspeitos entre cidades, países e continentes. Ujvari conta que, em 1994, uma turista coreana embarcou em um avião para Chicago e, depois, continuou até Baltimore sentindo-se mal. Tossia muito e, a cada tosse, espalhava no ar os bacilos de uma tuberculose mal curada. "Bactérias expelidas eram levadas pelo sistema de filtragem da cabine. O ar era trocado cerca de 6 a 20 vezes por hora. Mesmo assim, não foi o suficiente para evitar que a passageira infectasse membros do voo" (Ujvari, 2011, pp. 95-96). A jovem infectou não apenas os passageiros daquele voo, mas também do último antes da parada final, Honolulu. Em suma: uma viagem de oito horas veio a contaminar 6% dos passageiros.

Os patógenos podem viajar não apenas em humanos: mosquitos também embarcam com agentes causadores de enfermidades, como se deu em 1930: uma embarcação chegou a um porto do Nordeste brasileiro proveniente do Senegal trazendo consigo o *Anopheles gambiae*, um tipo de mosquito africano transmissor da malária. E os aviões também não escapam aos invasores:

> *Em 1931, órgãos sanitários de Miami inspecionaram pouco mais de cem aviões que lá aterrissaram: encontraram 28 mosquitos da espécie Culex e um Aedes. Nas pistas dos aeroportos tropicais os mosquitos invadiam a cabine dos passageiros e lá permaneciam durante a viagem. Entravam também pelas rodas e no compartimento de bagagens, onde conseguiam sobreviver às baixas temperaturas e pressões. (Ujvari, 2011, p. 144)*

No século XIX, várias doenças perigosas faziam com que os cientistas corressem atrás da cura. As enfermidades tropicais se tornaram um campo importante de estudo e especialização, em que o Brasil ganhou destaque internacional. Patrick Manson, considerado o pai da medicina tropical, demonstrou, em 1877, que a elefantíase – a filariose linfática, causada por um parasita – era transmitida pelo mosquito do gênero *Culex*. O escritor brasileiro Adolfo Caminha, ao descrever as penúrias do sertão dos retirantes, registrou o seguinte em uma de suas obras: "Uma vez, ele próprio, Mendonça, vira de perto a agonia lenta de uma mulher asfixiada pela elefantíasis – pernas inchadas, ventre inchado, rosto inchado – horrível!" (Caminha, 1982, p. 20).

No mesmo século, quanto à febre amarela, as estratégias supersticiosas de antanho passaram a ser consideradas inválidas: os tiros de canhão para purificar o ar – prevalecia ainda a teoria mismática do "ar ruim" – e os lençóis encharcados em vinagre para envolver os enfermos nunca tinham surtido efeito. Os purgativos ainda eram muito usados, fundamentados na ideia de que um mal precisava ser expurgado do corpo. Não só na febre amarela, mas em outras doenças infecciosas, tornou-se comum o emprego do calomelano, o cloreto de mercúrio conhecido desde os alquimistas – e seu uso se deu até princípios do século XX. Em 1900, o médico Walter Reed realizou um significativo experimento em Havana: lá, ele criou dois pavilhões – um chamado de Casa dos Fômites[8] e outro denominado Casa dos Mosquitos, e grupos de voluntários recebiam dinheiro para lá dormirem.

Contrariando a ideia corrente de que a febre amarela era transmitida por contato entre pessoas, Reed colocou, na Casa dos Fômites, todo tipo de material contaminado por quem havia contraído a doença, mas a deixou livre dos insetos. No segundo estabelecimento, fez o contrário: a limpeza era obrigatória, mas os mosquitos, que supostamente transmitiriam a febre, foram disseminados no ambiente. O resultado se deu como esperado: ninguém que permanecera na Casa dos Fômites adoeceu, mas o que havia sido um passo importante para o controle da doença teve uma infeliz consequência: já que os mosquitos eram vetores da infecção, as indústrias de inseticidas passaram a desenvolver venenos cada vez mais potentes, o que culminou com o famoso dicloro-difenil-tricloroetano (DDT), cuja fórmula concedeu o Prêmio Nobel a Paul Hermann Müller em 1948. Somente a partir de 1962 o mundo começaria a receber dados sobre os graves danos causados pela pulverização do DDT no continente americano, e os mosquitos do gênero *Aedes*, com o correr das décadas, se tornariam resistentes a ele (Osterholm; Olshaker, 2020b, p. 186).

8 Chama-se de fômite um objeto inanimado ou substância que possa absorver, reter e transportar organismos infecciosos de um indivíduo a outro. Por exemplo, sapatos, ferramentas, utensílios e maçanetas contaminados podem espalhar doenças.

Com Walter Reed e Carlos Finlay e suas pesquisas com o *Aedes aegypti* na febre amarela, e também com Charles Louis Alphonse Laveran e Sir Ronald Ross – que descobriram que a malária era transmitida pelo *Anopheles* –, a teoria dos miasmas perdeu de vez seu terreno – pelo menos na medicina, ainda que tenha perseverado na cultura popular.

O século XX

Dizia-se que Mary Mallon, conhecida como "Maria Tifoide", irlandesa que emigrou para os Estados Unidos em 1883, era capaz de, mesmo "saudável", continuar transmitindo a doença que a estigmatizara. Seu corpo deteve os efeitos da bactéria do tifo – por isso, ela era considerada uma enferma de gravidade baixa –, mas repassava a enfermidade a outras pessoas sem sabê-lo. Ao trabalhar em casas de famílias afortunadas, inesperadamente alguns moradores adoeciam – e houve até mesmo o caso de uma morte. Os casos intrigaram a medicina, pois o tifo costumava ocorrer mais em zonas insalubres.

De 1900 a 1907, quando trabalhou como empregada doméstica e cozinheira em várias residências de Nova York, Mary Mallon contaminou dezenas de pessoas. Por três anos, autoridades sanitárias determinaram que ela ficasse isolada em um hospital, e dele só pôde sair quando prometeu não mais manipular alimentos. Entretanto, em 1915 ela voltou a cozinhar e a doença apareceu nos lares ricos que a contrataram. O resultado é que a mulher acabou por ser confinada em uma "quarentena" de 25 anos, até sua morte por pneumonia, aos 69 anos. A partir desse evento, o termo *Thyphoid Mary* começou a ser empregado, em língua inglesa, para se referir a alguém aparentemente são que podia transmitir determinadas doenças.

Por trás desses eventos, existe uma questão social importante: os pobres sempre foram considerados disseminadores de doenças pelas classes mais abastadas. Enfermidades variadas, no decorrer da história humana, foram atribuídas a mendigos, inválidos e imigrantes – neste último exemplo, entra a presença da alteridade como sendo perigosa e contaminante. "Os historiadores que examinaram pandemias e analisaram como as sociedades reagiram a elas em geral argumentam que quem detinha o poder culpava os pobres por seu próprio sofrimento, e às vezes tentava estigmatizá-los e isolá-los" (Barry, 2020, p. 445).

O século XX não passou ileso quanto a esse aspecto. Em especial no Brasil – país em que saltam aos olhos as enormes diferenças de distribuição de renda e de acesso ao bem-estar, à educação, à saúde e à cultura –, os pobres foram historicamente considerados vetores de moléstias. A literatura brasileira está rica de exemplos, alguns dos quais mencionados neste livro.

Em épocas de epidemias e pandemias, os que mais sofrem costumam também ser os que menos recursos possuem. Não foi diferente com a pandemia de 1918 e 1919: os que mais sofreram foram os pobres e os miseráveis por onde quer que passasse o vírus *influenza*.

A pandemia de 1918-1919

O século XX teve de se confrontar com pandemias e epidemias diversas vezes. Sem dúvida, a mais marcante foi a de 1918-1919. Injustamente chamada de "gripe espanhola", em torno dela foram criadas lendas que até hoje perduram: não se sabe – e nunca se saberá – o exato número de mortos que ela causou. Os mais otimistas ficam com 20 milhões de pessoas; para os extremistas, mais de 100 milhões; porém, tem parecido razoável a vários cientistas que 35 milhões de vítimas em todo o planeta tenha sido a média de mortes.

Considerando-se que, naquela época, o mundo não possuía mais do que 1,8 bilhão de pessoas, as perdas foram muito altas. Nesse sentido, tanto em letalidade (a proporção de mortes em relação aos casos diagnosticados) quanto em mortalidade (a proporção de mortes em relação a todos os casos de pessoas infectadas, diagnosticadas ou não), tratou-se de um evento mais avassalador do que a pandemia do covid-19. A *influenza* acometia pessoas jovens e as levava embora em pouco tempo: às vezes, 72 horas após a contaminação as pessoas entravam em condições que iam se agravando até o rápido falecimento.

A injusta alcunha "gripe espanhola" se deveu ao fato de que, como a Espanha era um país neutro durante a Primeira Guerra, seus jornais conseguiam noticiar com mais liberdade os casos de *influenza* que se espalhavam pelo mundo. A origem do primeiro foco e o que causou a disseminação desse vírus é, até hoje, uma hipótese debatida: em sua maioria, especialistas atribuem ao condado de Haskell, no Kansas, a oeste de Dodge City, o nascedouro de tudo – e isso bem no início de 1918. Naquela região rural, agricultores criavam porcos e aves: ou seja, a antiga ligação neolítica "homem – espécies não-humanas em confinamento e proximidade física entre ambos": "Não sabemos quando e onde surgiu o vírus da gripe espanhola de 1918. Certamente, alguma ave aquática migratória o eliminou nas fezes e, por algum meio, alcançou o homem. Nasceu o H1N1" (Ujvari, 2011, p. 30).

Nos Estados Unidos, o vírus se adaptou rapidamente à nossa espécie e seguiu o caminho do leste, encontrando uma base militar no caminho. De lá, saltaria para o continente europeu, levado por navios militares até a França. O que dificultou o controle da doença foi a Primeira Guerra: ninguém queria dar o alarme de que algo muito sério estaria ocorrendo no âmbito epidemiológico justamente quando os Estados Unidos enviavam milhares de soldados para os campos de batalha. O forte sentimento de heroísmo e de patriotismo e as campanhas por arrecadação de dinheiro e suprimentos impulsionadas pelos políticos das cidadezinhas interioranas não poderiam parar por conta do andaço de um "resfriado". Curiosamente, "andaço" é um termo ainda usado no interior do Brasil para se referir a algum fenômeno de origem epidêmica, metáfora da própria varrição que a doença faz, indo daqui e dali, como um redemoinho de incerto traçado que levanta poeira por onde passa ou um visitante indesejável que perambula.

O que colaborou para que tudo fosse mais trágico em relação à enfermidade – além do descaso governamental e midiático, das expressões do negacionismo e das propagandas de panaceias para sanarem a doença – é que um vírus *influenza* sofre mutações com grande velocidade. John Barry, um dos grandes narradores dessa pandemia, descreveu: "Enquanto a Liga de Proteção Americana mobilizava cidadãos, quase todos do sexo masculino, para espionar e atacar qualquer um que criticasse a guerra, a Cruz Vermelha Americana mobilizava cidadãos, quase todos do sexo feminino, de forma mais produtiva" (Barry, 2020, p. 141). A Federal Food Administration chegava a pedir às pessoas que guardassem caroços de pêssegos, ameixas, tâmaras, damascos, azeitonas e cerejas para se produzir o carbono das máscaras antigás (p. 143), afinal, tratava-se de uma guerra ainda mais mortífera pelo uso do gás mostarda, usado pela primeira vez com fins bélicos em julho de 1917. Tratava-se de um líquido incolor e viscoso que tendia a se tornar rapidamente gasoso, amarelado e com um cheiro característico da mostarda. Em suma, uma arma química terrível, capaz de matar ou danificar tecidos, ainda que a vítima sobrevivesse.

Além disso, no âmbito hospitalar, a antiga rixa profissional entre médicos e enfermeiras piorava as coisas. Estas eram relegadas à função de cuidadoras e ministradoras de medicamentos, e tudo o mais que quisessem fazer necessitava de autorização. Era comum que os próprios médicos colocassem códigos numéricos nos frascos de medicamentos para que as enfermeiras não questionassem o que elas estariam ministrando aos pacientes. Esse período também demarcou o surgimento de um sem-número de faculdades de medicina espalhadas pelos Estados Unidos, muitas das quais de duvidosa qualidade.

Quem supria o exército com novas enfermeiras era justamente a Cruz Vermelha pois, com a expansão da epidemia, elas se tornariam profissionais cada vez mais escassas. Era comum que famílias abastadas contratassem uma enfermeira exclusiva para cuidar de seus moribundos, mas depois não a deixavam mais sair – a moça permanecia praticamente sequestrada. Além disso, deve-se ressaltar aqui que o treinamento em enfermagem superava em qualidade e em práticas o treinamento típico em medicina nos Estados Unidos. Sem dúvida, as enfermeiras estavam mais bem preparadas para enfrentar uma pandemia do que os homens de jaleco branco.

Outro erro dos Estados Unidos foi recrutar e reunir, em um mesmo espaço, jovens garotos praticamente recém-saídos da puberdade para se alistarem e fazerem o treinamento para a terrível guerra que se passava do outro lado do Atlântico. Em sua maioria, eles eram modestos rapazotes que haviam crescido em zonas rurais. Naquele período, porém, eles se ajuntavam dentro das barracas do exército – cada qual levando sua imunidade específica –, formando uma conformação humana propícia ao vírus se espalhar.

Os primeiros surtos europeus da nova doença se deram na França em abril de 1918, mais especificamente na cidade de desembarque dos americanos, Brest, de onde os vírus se espalharam em círculos concêntricos (Barry, 2020, p. 186). No fim daquele mês, a doença já atingia Paris, entrava na Itália e chegava ao exército alemão. Em maio, o Primeiro Exército Britânico acusava baixas por conta da gripe. Ao retornarem à Inglaterra, os soldados levaram a *influenza* para seu país. Casos também chegaram à Espanha, a Portugal, à Grécia e à cidade de Xangai. Em 29 de maio, a partir de Bombaim, na Índia, a doença se espalhou por aquele país seguindo as vias férreas. Em junho e julho, Inglaterra, Escócia, País de Gales e Alemanha estavam alarmadas com os números crescentes de infectados. Dinamarca e Noruega foram afetadas em julho e, em agosto, a Holanda e a Suécia. Em setembro, Austrália e Nova Zelândia já tinham enfermos.

John Barry explica que a gripe de 1918 seu deu em várias ondas, conforme ocorre usualmente em epidemias e pandemias. A primeira onda data da primavera do Hemisfério Norte e matou os infectados em pouco tempo. A segunda onda foi ainda mais violenta, e em torno dela existem três hipóteses básicas: a) vírus diferentes teriam causado a forma branda e a forma mais letal – o que parece improvável; b) o vírus brando provocou a epidemia primaveril e encontrou um segundo vírus *influenza* no continente europeu; c) o vírus se adaptou ao ser humano (Barry, 2020, p. 193).

A princípio, os médicos pensaram se tratar de uma pneumonia comum. Costumava-se ainda empregar o termo genérico *la grippe* – cujo uso remonta ao ano de 1694 – para se referir a tal quadro infeccioso, ou então *influenza* ("influência"), do homônimo italiano – em alusão a suposições bem antigas de que aquela doença tinha origem em influências dos astros. Posteriormente, a medicina continuou com o uso corrente da mesma palavra, mas adotando o sentido de *influenza del freddo* ("influência do frio"). Quando, nos Estados Unidos, se cogitou sobre ter de se enfrentar uma nova doença ou peste, foi tarde demais: os hospitais de base já estavam com seus leitos abarrotados de doentes, incluindo os próprios profissionais da saúde, e a falta de enfermeiras agravou tudo.

A cidade da Filadélfia, marcada naquela época por grandes diferenças sociais, sofreu com uma explosão de casos: para além de seus bairros burgueses, havia favelas e cortiços abrigando dezenas de famílias em habitações insalubres, e a situação era ainda pior para populações negras, ainda mais apartadas das condições básicas de saúde. As ruas viviam imundas, entulhadas de dejetos, e o esgoto corria a céu aberto e pelas sarjetas. Situação semelhante se dava em várias outras cidades norte-americanas, de tal maneira que, quando a doença de fato se alastrou, coube aos governos intervirem com as medidas não farmacêuticas básicas: quarentena e isolamento social, fechamento de escolas e comércios, limitação de passageiros em bondes, uso de antissépticos e de máscaras feitas com gaze, recomendações de etiquetas respiratórias ao se tossir ou cuspir e aplicação de multas para os desobedientes. Porém, em grande medida, os jornais e a nascente publicidade amenizavam ou ignoravam a calamidade. Em geral, pedia-se às pessoas para que se mantivessem aquecidas, com os pés secos e os intestinos "abertos", ou seja, em bom funcionamento – e disso se aproveitaram várias empresas da área farmacêutica para venderem seus produtos, muitos dos quais sem nenhuma eficácia contra gripes e resfriados.

Nos alojamentos militares, as camas tiveram de ficar mais distanciadas umas das outras, as cabeças dos soldados enfermos passaram a ser colocadas em alinhamento com os pés de seus vizinhos acamados, e lençóis eram estendidos entre os leitos como se fossem cortinas, a fim de se eliminar o avanço da gripe. Medicamentos começaram a faltar, assim como termômetros. Os médicos prescreviam tudo o que se dispunha na época para tratar a doença: soros contra pneumonia, a aplicação de germicidas e gargarejos com desinfetantes. Tratava-se de uma medicina heroica, que lutava contra as próprias frustrações a fim de encontrar o agente e a cura para o que havia se tornado uma inesperada pandemia.

> *Na Grécia, um médico usou emplastros de mostarda para criar bolhas na pele dos pacientes para depois drená-las, misturando o fluido com morfina, estricnina e cafeína e injetando de volta [...] Na Itália, um médico aplicava injeções intravenosas de cloreto de mercúrio. Outro esfregava creosote, um desinfetante, nas axilas [...] Um terceiro insistia que enemas de leite morno com uma gota de creosote, a cada doze horas para cada ano de idade, preveniam a pneumonia [...] Para o sono [de acordo com prescrições do Gabinete de Guerra da Grã-Bretanha], vinte grãos de brometo, opiáceos para a tosse e oxigênio para a cianose [...] [na França,] alguns médicos e cientistas aconselhavam o uso de máscaras. Outros insistiam que o arsênico ajudaria na prevenção. (Barry, 2020, p. 401)*

Nos Estados Unidos, passaram a existir palavras-tabu, como "peste", as quais eram sussurradas entre pessoas desconfiadas de que algo muito sério estava se passando. Muito rapidamente, os diferentes governos e os veículos da mídia caíram em descrédito junto à população: "O governo federal não fornecia nenhuma orientação considerada crível por qualquer pessoa razoável" (Barry, 2020, p. 379); "Os jornais informavam sobre a doença como sempre faziam: misturando verdades e meias verdades, verdades e distorções, verdades e mentiras. E nenhuma autoridade nacional reconheceu de forma pública o perigo da gripe" (p. 380); "As pessoas não podiam confiar no que liam. Da desconfiança surge a incerteza; da incerteza, vem o medo; e do medo, sob tais condições, o terror" (p. 381). O *Arizona Daily Star* pedia aos leitores para não contraírem a "histeria espanhola" (p. 387), mas o que ocorria era um grande pânico da doença, o qual se espalhava rapidamente mundo afora.

Os sintomas mais comuns naquela pandemia eram inflamações na garganta, nas membranas da mucosa nasal e faringe, e também na conjuntiva – a membrana que reveste a parte interna das pálpebras. Sentia-se dor de cabeça, febre, dores no corpo, calafrios, tosse, anorexia, náusea, vômitos e prostração. Sem entrar em coma, muitos pacientes deliravam, tornavam-se agressivos, melancólicos ou passavam a ter tendências suicidas. O estado mental dos doentes se tornava sofrível. Episódios inimagináveis ocorriam por conta da gripe:

> *em Cape Town, África do Sul, Charles Lewis pegou um bonde para um percurso de cerca de cinco quilômetros até sua casa; o cobrador caiu morto. Nos cinco quilômetros seguintes, seis pessoas no bonde morreram, inclusive o condutor.*
>
> *Lewis saltou do bonde e voltou andando para casa. (Barry, 2020, p. 265)*

O grande desafio daquela pandemia era que os médicos precisavam rapidamente conhecer como a doença se comportava e se espalhava. Eles necessitavam aprender sobre sua patologia e, em especial, saber qual era o patógeno que derrubava populações inteiras. Mesmo que a teoria miasmática ainda fosse corrente entre alguns profissionais, muitos já supunham que vírus espalhados pelo ar estivessem causando o mal, cuja transmissão era facilitada mediante o contato de mãos contaminadas com a boca e o nariz. Ainda assim, a herança vitoriana da mentalidade de parte da população fazia com que se levasse a sério a correlação entre as ruas imundas e a doença, o que levou homens a saírem com *sprays* de água e aspiradores quase todos os dias por Nova York para limparem a cidade, enquanto os policiais usavam uma amedrontadora máscara cirúrgica que não tinha nenhum efeito de proteção.

Porém, o desafio maior continuava: saber de qual patógeno se tratava. Os vírus tinham sido descobertos apenas em 1892, e em torno deles existia uma aura enigmática. A teoria de se tratar de uma bactéria – o erroneamente chamado *Bacillus influenzae* – era mais facilmente aceita, ainda que não houvesse comprovação científica para isso. Estava-se mesmo em um tempo de incertezas, de tentativas e erros – mais erros, provavelmente, do que acertos: "os principais hospitais tinham aparelhos de raios X que poderiam ajudar no diagnóstico e na triagem; e alguns hospitais tinham começado a administrar oxigênio para auxiliar na ventilação das vítimas" (Barry, 2020, p. 362). A falta de enfermeiras se tornou tão grave que a Cruz Vermelha passou a ter de recrutar qualquer pessoa que pudesse atuar em tal função.

Com o passar do tempo, foram chegando outras ondas da gripe, nas quais ficava evidente que o vírus estava sofrendo modificações:

> *O vírus havia mudado outra vez, mesmo que não tenha se tornado radicalmente diferente. Pessoas que ficaram doentes na segunda onda tinham imunidade razoável a*

> *outro ataque, assim como quem foi infectado na primeira onda se saiu melhor do que os demais na segunda onda. Contudo, a mutação ocorrida era observável, com os antígenos sendo modificados o suficiente para reacender a epidemia. (Barry, 2020, p. 422)*

As consequências dessa gripe nos Estados Unidos foram tão fortes que a expectativa de vida de seus habitantes caiu dez anos depois da pandemia.

John Barry assinala que a Primeira Guerra acabou sendo um período de revolução na medicina dos Estados Unidos sob a liderança do médico William Welch: com ele, o olhar científico e as práticas bem rigorosas se tornaram mais presentes na prática profissional. E não apenas a gripe havia sido um flagelo, mas igualmente outras enfermidades que assolaram vários povos durante os tempos de intemperanças bélicas:

> *Britânicos, franceses e russos haviam espalhado a cólera após a Guerra da Crimeia; prussianos levaram a varíola da Guerra Franco-Prussiana para casa; americanos haviam retornado da guerra hispano-americana com a febre tifoide e espalharam a mesma, além de disenteria e varíola, após a Guerra Civil. (Barry, 2020, p. 458)*

Os rápidos anos dourados de 1920 ainda sofreriam os reveses da grande gripe, mas, aos poucos, haveria um momento de trégua que, entretanto, antecederia outra guerra mundial, mais destrutiva do que a anterior. Na mesma década, o médico patologista Paul Lewis, que esteve à frente das pesquisas sobre a *influenza* na Fundação Rockefeller, decidiu ir ao Brasil pesquisar a febre amarela. Em 1928, ele montou um laboratório em Belém e acabou sendo vítima de um acidente de trabalho que o contaminou com a própria doença que estava pesquisando. Três anos antes, o escritor Sinclair Lewis havia ganhado o prêmio Pulitzer com *Doutor Arrowsmith*, livro sobre um cientista que trabalhava em um grande instituto como o Rockefeller da época. A obra se tornou uma leitura de referência tanto para leigos quanto para médicos.

Outros pesquisadores prosseguiam na trilha de um entendimento do que foi aquela pandemia da gripe, sempre perseguindo o enigmático patógeno: Richard Shope, virologista filho de um médico fazendeiro, acabou por encontrar um vírus da gripe em suínos na década de 1930, mas a saga da medicina em busca de contenção, tratamento e cura de epidemias e pandemias continuaria. Outros micróbios ainda perturbariam a fragilidade da civilização.

Gripes

A gripe nasceu com as aves selvagens, cujos vírus proliferaram entre aves domésticas, de onde vem certo ditado "se há galinha, há pandemia". Dali, a gripe passou aos suínos e aos humanos, ou então aos suínos primeiramente e, depois, aos humanos – os porcos são os principais transmissores desses vírus para a nossa espécie. De certa forma, toda gripe é, em sua origem, aviária: sempre que houver a proximidade de pessoas com aves, porcos e outros animais confinados e estressados, o risco de uma pandemia será alto, e possibilidades de reagrupamento viral – incluindo um reagrupamento triplo – podem oferecer mais letalidade ao patógeno. Por isso, a China, o Sudeste da Ásia, o Meio-Oeste dos Estados Unidos e as amplas extensões dedicadas à pecuária no Brasil são áreas que deveriam estar sob permanente vigilância para casos de surtos epidêmicos. Um vírus aviário, porém, não consegue ser diretamente transmitido a uma pessoa, a não ser mediante mutação. Desta constatação, elaboro o pensamento de que nossa espécie sempre se arrisca de diversas formas, trazendo novos patógenos para a humanidade: por um lado, quando entra em contato com espécies selvagens; por outro, quando aglomera muitas espécies – selvagens ou domesticadas – em áreas restritas. Este é mais um problema que teríamos de resolver com certa rapidez e, como tenho afirmado em minhas obras, o grande dilema que o Antropoceno nos impõe é a extrema escassez de tempo para se encontrar e aplicar soluções e, muitas vezes, a impossibilidade de se alterar, da noite para o dia, um tipo de prática estabelecida há milhares de anos. Neste caso, temos de nos preparar para sermos remediadores, mais do que solucionadores, o que não é uma boa alternativa.

Da H1N1 em diante, os vírus da *influenza* se tornaram ainda mais corriqueiros na humanidade: ainda não há uma vacina universal e duradoura, já que se trata de vírus que mutam com muita facilidade (ou seja, eles sofrem uma *antigenic shift*, uma deriva antigênica). Quando acontece a formação de uma cepa nova – consequência de uma grande mutação –, corre-se o risco de eclodir uma pandemia. Tal processo é chamado de mudança antigênica (*antigenic drift*).

Os vírus *influenzae* pertencem a uma família com um genoma de RNA em fita única e, de acordo com suas proteínas, se dividem em tipo A (causadores de epidemias e pandemias em animais, incluindo a nossa espécie), tipo B (que não têm o poder de propiciar epidemias) e tipo C (afeta bem pouco os humanos). A proteína sobre o vírion – nome que se dá a uma partícula viral completa e infecciosa – de tipo A pode ser a hemaglutinina (a HA, que se liga a células pulmonares) ou a neuraminidase (a NA, que permite que os vírus se espalhem dentro das células). Os vírus de *influenza* são, por conseguinte, referidos a seus componentes (HA e NA) – que se transformam em antígenos, ou seja, em substâncias estranhas ao corpo e provocam a produção de anticorpos –, de onde vêm as abreviações que conhecemos. Por exemplo: o vírus H3N2 que, a rigor, é do tipo A, mas se convencionou eliminar a letra "A". Até 2020, havia 18 subtipos de HA e 11 de NA no vírus tipo A, o que permitiria 198 combinações possíveis. A pandemia de gripe A de 2009 foi descendente da cepa de 1918:

o vírus H1N1 sofreu uma mutação – provavelmente em populações suínas no México – e passou a infectar pessoas.

Como sabemos, depois de 1918-1919, o mundo se deparou com outras pandemias gripais: a de 1957 (a gripe asiática H2N2), a de 1968 (a gripe de Hong Kong H3N2) e a de 2009 (a gripe suína H1N1). Neste mesmo ano, autoridades ficaram atentas à cepa H5N1, do Sudeste Asiático, que tinha alto índice de mortalidade em humanos. Os *influenzae* e outros vírus correspondem a 90% das infecções respiratórias.

O Marburg

Stefan Ujvari narra o caso de uma holandesa de 41 anos que, em 2008, foi internada com um quadro infeccioso que se agravou e a levou à morte após sete dias de internação numa UTI. Fazia pouco tempo que ela retornara de um período de três semanas de férias em Uganda. Um dia antes de morrer, os médicos finalmente descobriram qual era a doença fatal: a febre de Marburg (MARV). A turista tinha visitado a caverna Python, conhecida por abrigar colônias de morcegos – animais conhecidos por transmitirem o vírus Marburg. Numa situação como essa, o risco de que um caso isolado se torne uma pandemia deve ser levado muito a sério.

O vírus é africano, mas seu nome se deve à região de Marburg, na Alemanha, onde, em 1967, trabalhadores de um laboratório apresentaram uma febre hemorrágica – também em Frankfurt e Belgrado apareceu o mesmo tipo de doença por volta da mesma época. Aquele laboratório tentava produzir vacinas e, para isso, necessitava de órgãos de macacos-verdes que provinham de Uganda. Esse filovírus[9] é um parente mais letal do ebola e está presente no guano oriundo da excreção de morcegos não apenas da caverna de Uganda, mas de

9 Os filovírus formam uma família viral bastante mortal para os humanos.

muitas outras que podem ser encontradas em países como o Quênia. A primeira casuística no século XX de que se tem notícia foi a de 1967. Houve ainda outros surtos: 1975, 1980, 1987, 1998, 2004-2005 (quando Angola foi o epicentro) e 2007-2014 (com epicentro em Uganda).

O ebola

O *Zaire ebolavirus* causou a epidemia de ebola na África Ocidental (2013-2015), flagelo que custou oito bilhões de dólares devido à falta de investimentos anteriores em uma vacina. A doença foi inicialmente localizada no rio Ebola, perto de um vilarejo do antigo Zaire (atual Congo). Proveniente das florestas equatoriais da África Central, essa doença ainda é um enigma para os cientistas, pois não se sabe até hoje qual é o seu reservatório animal. Supõe-se que sejam morcegos frutívoros.

Em 2014, no sudeste da Guiné, uma criança provavelmente deve ter tido contato com um dos mamíferos voadores e apresentou os sintomas da doença. Não devemos nos esquecer de que o continente africano sofreu grandes modificações nas últimas décadas e o crescimento desenfreado de aglomerações urbanas aproximou as pessoas ainda mais de agentes patógenos que até então residiam nas profundezas de ecossistemas mais preservados. Moradias insalubres, falta de saneamento básico, desnutrição, violência e descaso político andam juntos em surtos epidêmicos. E o que se passa no continente africano só chama a atenção do resto do mundo se, de fato, representar uma ameaça para outros países. Conforme dizem Michael Osterholm e Mark Olshaker, "o vírus Ebola não mudou. A África mudou" (2020b, p. 145). Um resumo das ideias dos autores sobre esse aspecto seria: o desmatamento na Guiné foi acelerado por mineradoras e madeireiras estrangeiras; isso atraiu para aquele pequeno país moradores da Libéria e de Serra Leoa. Os contatos interpessoais se intensificaram, e o vírus se tornou hiperevolutivo. Por sua raridade como doença até então, o ebola não havia sido seriamente considerado dentro do escopo de epidemias como a da malária, da aids e da tuberculose, ou seja, ainda não havia esforços sólidos para a produção de uma vacina quando foram deflagrados os surtos de 2014-2015, o que, uma vez mais, confirma minha proposição de que, ao invadirmos ecossistemas de maneira irresponsável, estamos trazendo doenças para a civilização.

O ebola é tão contagioso que basta tocar ou respirar aerossóis de alguém infectado para contraí-lo. Ao mesmo tempo, a epidemia do ebola gerou uma crise que teve várias vertentes: uma delas foi a de negacionistas evangélicos do continente africano, que chegaram a levar enfermos para serem curados nas igrejas. Inicialmente, afirmaram a inexistência da doença e, depois, atribuíram-na à promiscuidade e à homossexualidade (cf. Osterholm; Olshaker, 2020b, pp. 146-147).

Na África Ocidental, meninos e rapazes costumam trabalhar em colheitas locais durante a época das chuvas, que vai de maio a outubro. Depois, são obrigados a migrarem de seus vilarejos em busca de serviços temporários: mineração de ouro, plantações de cacaueiros e dendezeiros, colheita de tâmaras, pesca e produção ilegal de carvão são alguns deles. Esses jovens trabalhadores viajam com muita facilidade usando a carteira de identidade comum aos quinze países que formam a Comunidade Econômica de Estados da África Ocidental (CEDEAO), utilizando trajetos pouco usuais para que evitem passar pelas aduanas (cf. Osterholm; Olshaker, 2020b, pp. 153-154). Esse estilo de vida, consequência do subdesenvolvimento, é altamente favorável à transmissão de novas doenças, as quais podem se transformar em surtos e epidemias.

O Brasil na rota das endemias e epidemias

O falso fausto histórico da Capitania das Minas Gerais foi deflagrado em vários estudos a partir dos anos 1980. Entre os pesquisadores que desmistificaram a aura de esplendor que o barroco tardio deixou pelos livros didáticos, está Laura de Mello e Souza (1986), que destacou as diversas camadas e tipos de "desclassificados sociais" do século XVIII. A extrema pobreza era uma das marcas do mineiro: casebres apinhados em encostas de morros cobertos de capim e folhas de palmeiras e com chão de terra esburacado compunham o tipo de habitação daquelas populações. A alimentação à base de milho e água era pobre, e por lá reinavam a "anemia palúdica, o beribéri, as verminoses, a sífilis, a bouba" (Freyre, 1958, *apud* Mello e Souza, 1986, p. 145).

Na literatura do século XIX, não faltam relatos da presença ameaçadora da miséria, companheira das doenças, sobretudo as tropicais, a exemplo das elucubrações melancólicas de Lúcia, a heroína romântica de *O garimpeiro*. Ao se lembrar de seu amado, que viajara aos sertões baianos em busca da sorte, ela também pensava "na distância imensa que os separava, nos imensos perigos que o rodeavam por aqueles sertões infestados de assassinos e salteadores e infeccionados de epidemias mortíferas, e a esperança a abandonava, e sua alma se entregava a um desalento mortal" (Guimarães, 1980, p. 53). Ou então quando Elias, amado de Lúcia, reclamava da vida penosa e insalubre no Triângulo Mineiro: "Pobreza! tu és o pior dos males que afligem a humanidade, pior que a fome, pior que a lepra, pior que a morte mesmo. De toda parte és repelida, como se foras um mal contagioso" (p. 32). Da mesma forma, era bastante comum a presença da febre intermitente – um dos sinônimos para a malária: "poucos meses depois, morreu de febre intermitente" (p. 65). Páginas antes, Elias, o personagem garimpeiro, usa uma desculpa para seu abatimento amoroso em uma conversa com um negociante:

> *— O que tem, meu amigo?... ainda agora parecia vender saúde, e agora o vejo tão pálido e desfigurado? Está sofrendo decerto algum incômodo?*

> *— Nada... quase nada. São acessos de intermitentes, que apanhei no Rio S. Francisco, e que às vezes ainda se repetem; mas passam logo. (p. 60)*

E sobre a presença da malária nos sertões, um dos textos mais expressivos e poéticos é, sem dúvida, o conto "Sarapalha", de Guimarães Rosa:

> *Ela veio de longe, do São Francisco. Um dia, tomou caminho, entrou na boca aberta do Pará, e pegou a subir. Cada ano avançava um punhado de léguas, mais perto, mais perto, pertinho, fazendo medo no povo, porque era sezão da brava – da "tremedeira que não desamontava" – matando muita gente. (2001, p. 151)*

Na cidade de São Paulo, modestíssima em tamanho e população no século XIX, os numerosos rios e córregos que cortavam o território e que hoje se encontram ocultos sob o concreto ou entupidos de esgoto e lixo já eram criadouros de mosquitos transmissores de doenças, como a fêmea do *Culex* – o famoso pernilongo –, que punha seus ovos nas águas fluviais paulistanas (Ujvari, 2011, pp. 150-151).

O mais antigo relato de febre amarela em território brasileiro data de 1685. A primeira epidemia da doença surgiu provavelmente no Recife, trazida por algum barco. Um ano depois, cerca de 25 mil casos e 900 mortes eram contabilizados em território baiano. Em 1849, o navio *Brazil*, proveniente de Nova Orleans, aportou em Salvador. Tanto naquela região dos Estados Unidos quanto em Havana, onde a embarcação também fez parada, havia surtos de febre amarela. No final do século XIX e início do XX, houve epidemias pelo interior do estado de São Paulo, atingindo sobretudo os imigrantes europeus que vieram trabalhar nas lavouras.

No Brasil contemporâneo, vamos encontrar a febre amarela urbana, aquela que se transmite pelo *Aedes aegypti* ao ser humano e que se tornou outro verdadeiro flagelo sanitário nas cidades do país, sobretudo nos meses mais quentes. Existe, porém, a febre amarela silvestre, só transmitida quando o ser humano invade *hábitats* de determinados animais, como macacos. As medidas de prevenção incluem não entrar de forma alguma nesses ecossistemas, e um dos sinais de que há febre amarela circulando em determinada região é justamente a presença de macacos mortos.

Quando, em 1901, se descobriu que essa doença era transmitida pela picada de um mosquito – tal flavivírus só foi de fato detectado em 1927 –, por orientação médica passou-se a isolar os infectados sob mosquiteiros nos hospitais, acreditando-se, com isso, evitar a propagação do mal. Em São Paulo, em 1904, o médico Emílio Ribas conseguiu acabar com a epidemia de febre amarela aplicando tais medidas. Quatro anos depois, ela seria eliminada da cidade do Rio de Janeiro, porém, nunca desapareceu completamente do país, ainda que haja vacinas disponíveis desde 1937.

A cólera-morbo chegou no Brasil pela primeira vez em Belém, em 1855, no navio chamado *Defensor*, proveniente da cidade do Porto. Meses depois, havia doentes nas províncias do Norte e do Nordeste do país, bem como na capital do Império. O que o Conselho de Salubridade Pública fazia após identificar os acometidos pela doença era isolá-los em quarentena e desinfetar as embarcações e os materiais com os quais a tripulação pudesse ter tido contato. As opiniões científicas da época se dividiam entre infeccionistas – os especialistas brasileiros – e contagionistas – os médicos europeus –, em busca de se explicar a transmissão da doença.

Enquanto isso, outros males já perseveravam Brasil afora: agricultores que trabalhavam em áreas muito alagadas ou campesinos que caminhassem em brejos ou nadassem em açudes podiam ser acometidos por uma doença que ficou popularmente conhecida como "barriga d'água" – a esquistossomose –, causada pelo parasita *Schistosoma mansoni* e que afeta sobretudo o fígado. Essa é uma das doenças que provavelmente se tornaram epidêmicas com o fortalecimento das práticas agrícolas do Neolítico e apresenta ligação direta com a falta de saneamento básico e com a desobediência às normas de higiene. No Brasil, o parasita tem no homem seu hospedeiro definitivo, mas precisa de caramujos de água doce – do gênero *Biomphalaria* – para serem seus hospedeiros intermediários, a fim de realizarem seu ciclo evolutivo. O parasita é transmitido quando seus ovos são liberados nas fezes de pessoas infectadas. Em contato com a água, eles eclodem e liberam larvas que vão morrer caso não encontrem caramujos para se hospedar. Só assim os parasitas continuam o ciclo: eles liberam novas larvas na água que, posteriormente, podem infectar pessoas ao entrar pela pele ou por mucosas. É possível que a doença tenha chegado às Américas do Sul e Central com o tráfico negreiro e hoje se faz presente em vários estados do Brasil, sobretudo nos do Nordeste.

O tétano era outro terror antigo, sobretudo da vida rural brasileira. Muito associado a cortes causados por metais enferrujados, como enxadas e foices, Hipócrates já falava dele no século V a. C. A bactéria que o causa, o *Clostridium tetani*, pode ser encontrada na terra, em fezes, na poeira, em teias de aranha, em madeiras e metais. Antes de existir a vacina contra o tétano, era comum a morte de bebês recém-nascidos, que contraíam os esporos da doença alojados no corpo da própria mãe. Esse tétano neonatal era conhecido como "mal de sete dias". Somente em 1884 é que a causa da doença foi descoberta por Antonio Carle e Giorgio Rattone, da Universidade de Turim, mas a vacina só foi desenvolvida em 1924.

Ao interessado em obter um panorama sobre as mazelas da saúde nas populações brasileiras do século XIX, cabe ler nossos clássicos do Romantismo, do Realismo e do Naturalismo. Febres de todos os tipos estão demarcadas na literatura do século XIX como registros do panorama sanitário que assolava um país continental e, em grande parte, abandonado pelos governos e pelas elites, a exemplo dos trechos a seguir: "no Poço da Moita, onde cheguei a passar mais de uma semana com as febres" – esta é a fala do pai da protagonista de *Dona Guidinha do Poço* ao conversar com um padre (Paiva, 1993, p. 11); "morrera-lhe o pai [da protagonista, a jovem Maria do Carmo] d'uma febre, no alto Purus [região do Pará]" (Caminha, 1982, p. 23); ou, ainda: "O quarto era independente, com janela para os fundos da casa, espécie de sótão roído pelo cupim e tresandando a ácido fênico. Nele morrera de febre amarela um portuguesinho recém-chegado" (Caminha, 1983, p. 37); "Que importava a febre amarela? Em todo o Rio de Janeiro, em todo o mundo só havia duas criaturas felizes: ele, o grumete, e ela, a portuguesa" (p. 69).

O romance *Casa de pensão*, de Aloísio Azevedo (1979), está cheio de referências às enfermidades comuns de fins do século XIX: o rapaz Amâncio menciona ao escriturário Campos que o pai, no Maranhão, fazia uso de um medicamento chamado "Salça-e-caroba"[10] (*sic*), uma das infusões comuns à época, à qual se atribuíam propriedades antissifilíticas. Na mesma conversação, o rapaz menciona que atrasou em três anos a continuidade dos estudos por conta de umas sezões que apanhara na fazenda da avó (Azevedo, 1979, p. 14). "Sezão" era um nome genérico dado à febre causada por parasitas do sangue do gênero *Plasmodium*. A infecção era transmitida ao homem pelo mosquito anófele, e o quadro se manifestava geralmente por sezões, ou seja, por febres intermitentes ou periódicas, as quais eram também chamadas de febres palustres, paludismo, impaludismo, maleita, febre tersã ou quartã. Em suma: tratava-se da malária.

Quanto à tuberculose, esse mal não apenas levou prematuramente a vida de muitos escritores dos séculos XIX e XX, mas não raro também era citada em obras: "João da Mata era um sujeito esgrouvinhado, esguio e alto, carão magro de tísico, com uma cor hepática denunciando vícios de sangue" (Caminha, 1982, p. 12). No mesmo livro, há referências

10 Até hoje tal infusão de ervas é empregada popularmente para diversas finalidades: reumatismo, bursite, artrite e artrose, por exemplo.

a pessoas desfiguradas pelas cicatrizes da bexiga – nome popular pelo qual era conhecida a varíola; e, ainda, em *Casa de pensão*: "— Morreu, coitado! de bexigas" (Azevedo, 1979, p. 35). E adiante: "Este [o médico] declarou incontinente que o rapaz [Amâncio, o protagonista] tinha bexigas; mas, antes que fizessem espalhafato, afiançou que eram benignas. 'Bexigas doidas, cataporas, como vulgarmente chamavam por aí'" (p. 105). Para a recuperação plena, aconselhavam-se as estâncias e as cidades de climas amenos, como Petrópolis, ou a vida em algum arrabalde (p. 127). Já em *Bom-Crioulo*, Caminha reforça a presença das doenças que se alastravam em certas épocas: "Era justamente em dezembro, mês de epidemias e de insuportável calor" (Caminha, 1983, p. 40).

O tísico, ou seja, a pessoa acometida por tuberculose, é tristemente descrito como um incômodo por Aloísio Azevedo: "De mais – o tísico do n. 7 não lhe dava um momento de descanso com o diabo de uma tosse, que parecia aumentar todos os dias!" (1979, p. 95).

Em paralelo à proliferação de doenças endêmicas e epidêmicas, os hospitais continuavam a ser lugares inóspitos e temidos desde os princípios da invasão portuguesa, conforme nos descrevem os excertos literários a seguir:

> *As janelas da enfermaria davam para o mar, ficavam defronte dos Órgãos, abriam para o fundo melancólico da baía.*[11] *Na sala imobilizavam-se com os seus cobertores de lã vermelha dobrados a meio e pondo uma nota viva de sangue na brancura dos lençóis. Aí, como em todos os alojamentos do hospital, predominava um cheiro erradio de desinfetantes, o vago olor característico das casas de sepultura aberta. (Caminha, 1983, p. 61)*

11 Trata-se de um hospital localizado em uma ilha próxima à cidade do Rio de Janeiro, rodeada pela baía de Guanabara e tendo por vista a Serra dos Órgãos ao fundo. Lá, estava internado o protagonista do romance.

E:

> *Pairava na atmosfera calma do hospital um cheiro muito vivo de alfazema queimada, assim como um vago odor de câmara mortuária. Bom-Crioulo que nunca, em sua vida, tivera medo, e que sempre desafiara a morte corajosamente, não pôde evitar, essa noite, um calefriozinho [sic] de pavor. Houve um momento em que se revoltou contra o pobre doente que gemia. – Diabo! Não se podia dormir com aquele agouro!... Se tinha de morrer, morresse logo... (Caminha, 1983, p. 63)*

Um dos maiores escritores da língua portuguesa, Machado de Assis, não foi imune a colocar em suas obras apontamentos e considerações sobre epidemias que assolavam sua época. Em *A mão e a luva*, segundo romance do autor, a baronesa madrinha da protagonista estava tomando sol quando uma personagem lhe diz para sair de lá, pois não era "conveniente expor-se aos ardores do sol, sobretudo neste tempo de epidemias" (Assis, 1988, p. 27). Páginas adiante, outro personagem quer fazer a cabeça da baronesa para que ela não viaje devido ao "perigo de afrontar o cólera-morbo, que por aquele tempo corria em alguns pontos do interior" (p. 73). E ainda: "A corte divertia-se, apesar dos recentes estragos do cólera" (p. 17). No final, a viagem acabou sendo cancelada por conta do medo da epidemia.

Em *Memórias póstumas de Brás Cubas*, uma moça que pretendia a mão do personagem principal falece de febre amarela:

> *Doeu-me um pouco a cegueira da epidemia que, matando à direita e à esquerda, levou também uma jovem dama, que tinha de ser minha mulher; não cheguei a entender a necessidade da epidemia, menos ainda daquela morte.*

> *Creio até que esta me pareceu ainda mais absurda que todas as outras mortes. (Assis, 1987, pp. 124-125)*

Nesse mesmo romance, aparece Quincas Borba, o personagem mineiro da cidade de Barbacena que ganharia um livro só para si logo adiante na carreira de Machado de Assis. É ele quem diz a Brás Cubas que as "epidemias eram úteis à espécie, embora desastrosas para uma certa porção de indivíduos" (p. 125). Já na narrativa que lhe recebeu o nome, Quincas reflete sobre o lado bom e mau de uma epidemia:

> *Aparentemente, há nada mais contristador que uma dessas terríveis pestes que devastam um ponto do globo? E, todavia, esse suposto mal é um benefício, não só porque elimina os organismos fracos, incapazes de resistência, como porque dá lugar à observação, à descoberta da droga curativa. A higiene é filha de podridões seculares; devemo-la a milhões de corrompidos e infectos. Nada se perde, tudo é ganho. (Assis, 1963, p. 22)*

Ainda na mesma obra, a personagem Sofia propõe uma comissão para atuar nas Alagoas ao saber que, por aquela província, se espalhava uma epidemia.

Joaquim Manuel de Almeida Macedo também não ficou alheio aos problemas sanitários em uma de suas obras que mais críticas fez ao governo do Império: o protagonista Simplício, portador de um pincenê forjado à custa da alquimia por um mago armênio, via as pessoas, os bichos e as coisas ora com malevolência, ora com ingênua bondade, e assim se punha a classificar tudo: a pulga, o grilo, o gafanhoto, o cupim, a aranha, o mosquito, todos eles pragas descritas com caráter antropomórfico:

> *Vi um mosquito: outro monstro sanguinário dez vezes mais bárbaro que a pulga; porque a pulga farta-se de*

> *sangue em silêncio, e não zomba das vítimas, e o mosquito, à semelhança dos selvagens e dos bárbaros que dançavam festivos em roda dos cadáveres de suas vítimas, o mosquito, digo, bebe sangue ao som da música. (Macedo, 1977, p. 68)*

A gripe de 1918-1919 também chegou ao Brasil, onde se estima que 35 mil pessoas tenham morrido – o que chega a assinalar uma presença relativamente branda daquele vírus, apesar de relatos como o seguinte:

> *Em Plague of the Spanish Lady: The Influenza Pandemic of 1918-1919, o escritor [e jornalista inglês] Richard Collier narrou o seguinte: no Rio de Janeiro, em uma parada de bonde, um homem pediu uma informação com a voz perfeitamente normal a Ciro Vieira da Cunha, estudante e medicina, e em seguida caiu morto. (Barry, 2020, p. 265)*

O pânico que tomou conta do povo brasileiro no período da pandemia de *influenza* fez com que as pessoas se esquecessem temporariamente de outros males, como a varíola, o sarampo, o tifo, a malária e a tuberculose. Supõe-se que uma embarcação vinda de Liverpool e que havia feito escalas no Recife, em Salvador e no Rio de Janeiro foi o principal meio de disseminação da gripe pandêmica no país. O Rio de Janeiro teve uma taxa de contaminação de 33% pelo vírus H1N1.

No país, não havia informações claras sobre a importância da assepsia das mãos, de forma que se aconselhava a lavagem bucal, nasal e da garganta, banhos quentes, massagens, chás com limão, alho, cebola, sal, pimenta e pinga, além de purgativos para que se pudesse eliminar toxinas – mas nada disso tinha qualquer efeito para se evitar a doença.

Aqueles que tinham mais recursos econômicos iam às farmácias para comprar quinino – eficiente na malária, mas não na gripe

– e vaselina mentolada. Os mais ricos abandonavam as cidades: trens abarrotados de gente saíam de São Paulo rumo ao interior, enquanto os institutos Butantã e Oswaldo Cruz lutavam para conseguirem uma vacina e, ao mesmo tempo, testavam o uso da vacina da varíola na esperança de que aquela também pudesse proteger o povo contra a gripe (Ujvari, 2011, pp. 31-33).

A doença de Chagas

Carlos Chagas (1879-1934) foi o sanitarista e infectologista que descobriu o agente infectante que causava a tripanossomíase americana (cientificamente chamado de *Tripanossoma cruzi*), posteriormente popularizada com o nome de "doença" ou "mal de Chagas". Desde há muito tempo, os sertanejos sofriam de uma misteriosa doença que lhes causava palpitações – os baticuns –, indício de alguma disfunção cardíaca. Foi um engenheiro de uma estrada de ferro quem chamou a atenção do médico Carlos Chagas para uma quantidade grande de insetos – em cerca de trezentas espécies – chamados de "barbeiros" pelo povo. O nome era devido ao fato de eles picarem preferencialmente a região do rosto e do pescoço de suas vítimas enquanto elas estivessem dormindo.

Depois, descobriu-se que o parasita que causava a doença de Chagas se replicava em gambás, ouriços, ratos, tamanduás, preguiças, primatas e morcegos, o que demonstrou uma coevolução por milênios naqueles mamíferos. A transmissão se dá quando o triatomíneo, comumente chamado de "chupão", suga o sangue de algum animal, contrai o parasita e depois o transmite ao humano (Ujvari, 2019, pp. 75-76). Isso se dá porque o inseto defeca próximo ao local da picada e, ao coçá-la, a pessoa se infecta com o parasita que se encontra nas fezes. Outras formas de se contrair a doença são por via oral, pela ingestão de alimentos contaminados (açaí e garapa, por exemplo) ou congenitamente mediante a relação mãe-filho (a exemplo da amamentação), e, ainda, por transfusão de sangue e por transplante de órgãos e acidentes laboratoriais.

Os biomas florestais e de cerrado no coração da América do Sul já albergavam esse temido parasita antes mesmo da chegada do *sapiens*:

> *A evolução do inseto transmissor da doença de Chagas também pode ter seguido o mesmo trajeto do parasita. O barbeiro evoluiu após a separação da América do continente africano. É o que mostram suas mutações. Assim, tanto o parasita da doença de Chagas quanto seu transmissor evoluíram após a separação da América. (Ujvari, 2019, p. 81)*

E durante a invasão portuguesa, quando se passou a construir casebres de pau a pique ou taipa – estrutura que se tornou tão comum na cultura caipira –, o inseto barbeiro (sobretudo o *Triatoma infestans*) saiu das matas e passou a preferir as frestas das paredes, perto das quais dispunha de alimento fácil todas as noites. O êxodo rural, os aperfeiçoamentos nas moradias dos agricultores, a aplicação de produtos químicos contra os insetos nas casas e as campanhas educativas amenizaram o problema, mas o protozoário *T. cruzi* ainda existe e faz vítimas que podem vir a sofrer do coração e de problemas no aparelho digestivo.

Nos anos 1970, ainda havia cinco milhões de brasileiros com a doença. Atualmente, estimativas dizem que possa haver entre seis e sete milhões de pessoas sofrendo com a doença de Chagas no mundo,[12] e mais de 12,5 mil pessoas morrem a cada ano. Ainda não existe uma vacina.

---

12 Cf. https://www.paho.org/pt/noticias/13-4-2023-menos-10-das-pessoas-com-chagas-recebem-um-diagnostico

PARTE II

Vírus na biologia e na semiótica

Brotam brotinhos na tarde feita

Só de suspiros:

O amor é um vírus...

Mário Quintana, 2012, p. 63

4. O que é um vírus?

Saliento neste trabalho o valor icônico do signo no caso da veiculação midiática de imagens do covid-19 durante a pandemia que se iniciou em 2020. A "mostração" (em vez de "demonstração") iconográfica, ilustrativa, geométrica e colorida do vírus é um aspecto importante a ser considerado aqui. A rigor, pela física, os vírus sequer teriam cores. Para que alguém veja a cor de um quadro, por exemplo, a fonte de luz tem de incidir sobre ele, refletir e depois atingir nossos olhos. A luz, entretanto, tem um comprimento muito grande para iluminar um vírus (ela varia de 380 nm – no caso da luz violeta – até 750 nm – para o vermelho). Um nm (nanômetro) é uma medida que equivale a um metro dividido por um bilhão. Em um microscópio óptico, por exemplo, podem ser vistos objetos maiores do que 750 nm. Porém, um coronavírus tem o tamanho de 100 nm. Dessa forma, ele só pode ser "visualizado" em um microscópio eletrônico, que emprega a tecnologia da reflexão dos elétrons, que são muitíssimo menores, chegando a 0,00000001 nm. São eles que permitem ao cientista "desenhar" a forma de um vírus.

Quanto à cor, ela se torna aleatória e vinculada à criatividade dos *designers* gráficos. Portanto, as imagens do coronavírus responsável pelo covid-19 que vimos em variados veículos da mídia foram obtidas por computação gráfica e, nesse sentido, tornaram-se invenções com fundamentação científica em auxílio à compreensão da doença pelas pessoas. Isso demonstra o enorme cabedal de imaginário em parte dos discursos inferidos a respeito e a despeito do vírus da pandemia do covid-19.

Por um lado, um vírus se traduz como um avatar da biologia: para além da ciência microscópica, ele precisa receber uma vestimenta, uma roupagem, um "exoesqueleto" imagético para se fazer "visto" e entendido pelos indivíduos. Além disso, em grande parte, um vírus infeccioso se resume a moléculas de proteínas que poderão invadir células hospedeiras. Ele é, portanto, um enigma, um limiar para os biólogos e para os semioticistas. Os primeiros ainda não chegaram a um consenso sobre onde colocá-lo na dança dos reinos; os segundos debatem a capacidade ou não de os vírus produzirem semioses (Kull, 2009; Nöth, 2020 [entrevistando Kull]; Santaella, 2001).

Recapitulando as características dos vírus, eles são acelulares, formados por proteínas e ácido nucleico. Como não são células de fato, não possuem metabolismo próprio, necessitando parasitar uma célula, e por isso são chamados parasitas intracelulares obrigatórios. Essa ausência de metabolismo é justamente uma das características que fazem com que muitos biólogos não o considerem um ser vivo a rigor. No que diz respeito ao ácido nucleico, um vírus condensa material genético, que pode ser DNA, RNA e, mais recentemente, ambos – no caso dos citomegalovírus.[1]

---

1 Citomegalovírus são herpesvírus e podem causar infecções em seres humanos, em macacos e em roedores, levando ao surgimento de células grandes com inclusões intranucleares. No caso específico do ser humano, citomegalovírus causam a doença de inclusão citomegálica, a citomegalovirose.

Ao parasitar uma célula, um vírus infeccioso usará sua "maquinaria" para disseminar o material genético e se replicar, causando uma virose. Entretanto, essa é a única vida "ativa" de um vírus; fora da célula, ele não passa de um vírion, ou seja, um conjunto de partículas virais em suspensão e em latência, algo do plano do inerte e do inanimado que flutua no microcosmo que existe abaixo dos germes maiores. É importante reforçar essa condição dos vírus, pois muitos o confundem com as bactérias, uma vez que ambos são de um universo próximo. Porém, no aspecto da cura de um indivíduo, um vírus, diferentemente de uma bactéria, não sofrerá a ação de antibiótico, mas de um antiviral. E a grande dificuldade para se criar medicamentos contra as doenças infecciosas transmitidas por vírus é a capacidade de mutação destes, o que acontece, por exemplo, com as variantes virais da gripe (H1N1, H1N3 etc.).

A estrutura de um vírus é bem simples: no caso do *influenza*, ele se apresenta envelopado por uma membrana e possui um capsídeo, uma cápsula proteica dentro da qual fica o material genético. Mas há vírus sem esse envelope, a exemplo dos bacteriófagos, que possuem uma "cabeça" na qual reside o DNA e uma "cauda" contendo fibras – as quais, nos desenhos biológicos, se assemelham a perninhas. Por não possuir envelope, o bacteriófago permanece externo à célula hospedeira e nela injetará o material genético apoiando-se no citoplasma com a ajuda das tais "perninhas". Estruturalmente, esse tipo apresenta uma forma curiosa para nós, pois se parece a um pequeno robô ou a uma sonda espacial – e, claro, não há como não nos recordarmos de criaturas e naves alienígenas de filmes de ficção científica e terror.

No que diz respeito ao capsídeo, os vírus podem ser icosaédricos (tanto não envelopados, no caso dos da família *Papillomaviridae*, quanto envelopados, como se dá com o vírus do herpes); helicoidais (tanto não envelopados, como os da família *Virgaviridae*, quanto envelopados – os da família *Filoviridae*); e complexos (não envelopados, como no caso dos bacteriófagos da família *Myroviridae*).

Quanto ao material genético, eles podem apresentar DNA (com fita dupla ou fita simples); RNA (com fita dupla – o rotavírus – ou fita simples), e tanto DNA quanto RNA, no caso dos já citados citomegalovírus (herpesvírus que atacam humanos, macacos e roedores).

Existem ainda outros vírus, como os retrovírus (do HIV), que possuem RNA mais transcriptase reversa – esta é uma enzima que realiza um processo de transcrição ao contrário em relação ao padrão celular –, e os arbovírus (veiculados por artrópodes como os que se hospedam no *Aedes aegypti*, que transmite febre amarela, zika, chikungunya e dengue).

Quanto à penetração celular, um vírus pode empregar as técnicas da injeção (bacteriófagos), da fusão do envelope (no caso do HIV, cujo envelope se funde à membrana celular para liberar material genético internamente) e da endocitose, como o vírus da gripe, que entra totalmente na célula para só então soltar o material genético.

Em suma,

> *Muitas das principais áreas de classificação se baseiam no fato de os vírus serem de DNA ou RNA, de fita simples ou dupla e terem um simples envoltório proteico ou um complexo envelope de lipoproteínas. Outros níveis de classificação são as espécies, o tipo de replicação e os tipos de doença que provocam, exemplificado na designação SARS deste novo vírus [o SARS-CoV-2]. (Lesney, 2020)*

Se os cientistas ainda se veem no entrave de onde localizar (ou não) o vírus na árvore biológica, os semioticistas discutem como este pode ser entendido no plano das semioses. Aqui, atenho-me a dois textos do biossemioticista estoniano Kalevi Kull (Kull, 2009; Nöth, 2020); o segundo texto é uma entrevista realizada pelo semioticista alemão Winfried Nöth. Para Kull, pesquisador da Universidade de Tartu, Estônia – referência para estudos da biossemiótica –, a falta de entendimento sobre o que os vírus de fato são também reflete a instabilidade que eles assumem para os estudiosos da ciência de Peirce. De imediato, Kull nos conduz ao conceito de limiar semiótico, debatido desde a década de 1970 ao ser introduzido por Umberto Eco (Eco, 1976).

Se ficarmos com uma definição feita pelo semioticista americano Charles Morris em 1946, a de que a semiose é um processo em que algo se torna um signo para algum organismo – ideia que teve o suporte de Thomas A. Sebeok nos anos de 1960, conforme explica Winfried Nöth (2020, p. 1) –, surge a indagação se os vírus produziriam semioses. A pertinência de tal pergunta diz respeito não apenas ao entrelugar que os vírus ocupam em vários campos do saber, mas igualmente a que tipo de interpretação semiótica estes poderiam receber. Para Kull, pode haver a multiplicação e a disseminação de algo sem que nisso se encontre qualquer finalidade (causalidade). Então, se a semiose implica um processo de se atribuir sentido, a vida seria um processo de semiose, incluindo-se aí até mesmo uma célula invadida por um vírus, conforme propõe Kull:

> *(1) The behavior of viruses may be habit-based.*
>
> *(2) The habits that appear in the behavior of viruses can be instances of semiosis.*

> *(3) Viruses, when in a cell, may participate in processes of semiosis. (Nöth, 2020, p. 5)*[2]

Aqui, "hábito" significa uma decisão sem singularidade ou especificidade: ele é sempre igual no decorrer do tempo e não prediz aprendizagem. Ou seja, não há intencionalidade em um hábito. Conforme Kull, esse "poder vir a ser" viral tem muito mais a ver com o fato de "às vezes ser possível", mas sem se saber exatamente com qual frequência isso se daria:

> *The feature that currently attracts the attention of many people with respect to viruses is not at all semiosis. It is rather the autocatalytic outbreak. Since they induce their own reproduction, it is easily possible that viruses get out of control. This may be due to changed conditions. However, sometimes – I expect, rather seldom – this may also be due to semiosis, namely, when viruses learn something new. (Nöth, 2020, p. 6)*[3]

Entretanto, o conceito denominado "zona do limiar semiótico" (*semiotic threshold zone*), que veio à tona em um manifesto

---

2 "(1) O comportamento dos vírus pode ser baseado em hábito. (2) Os hábitos que aparecem no comportamento dos vírus podem ser instâncias de semioses. (3) Os vírus, quando dentro de uma célula, podem participar nos processos de semioses" (tradução minha).

3 "A característica que atualmente atrai a atenção de muitas pessoas com relação aos vírus não é de forma alguma a semiose. Antes, é o surto autocatalítico. Uma vez que eles induzem a própria reprodução, é bem possível que os vírus fiquem fora de controle. Isso pode ser causado por condições alteradas. Entretanto, algumas vezes – e espero que muito raramente – isso pode também vir a ser causado por semioses, ou seja, quando os vírus vierem a aprender algo novo" (tradução minha). Com "reprodução", Kull estava se referindo à replicação dos vírus, e não à reprodução sexuada.

de biossemiótica em 2008, implicaria considerar, em uma semiose, a presença de características como memória, autorreplicação, reconhecimento, agenciamento, distinção dentro-fora, códigos, controles semióticos, entre outras (Kull, 2009, p. 9). Abaixo das semioses, portanto, residiria uma zona limítrofe que teria a ver, por exemplo, com o período anterior ao surgimento do processo da vida – este, conforme o pesquisador salienta, durou ininterruptamente cerca de dois bilhões de anos (acredito que ele esteja se referindo desde o surgimento de LUCA até a complexificação dos seres vivos por meio de múltiplas células).

Assim, antes da existência de seres orgânicos no planeta e do que chamo de "volição da vida", houve uma era trevosa e conturbada que compreende as primeiras aglutinações de moléculas e aminoácidos no caldo primordial que cobria a irregular esfera terrestre. Portanto, indago: tais eventos que antecederam toda forma vivente e que residiriam em um duplo lugar (vivo-morto, orgânico-inorgânico) corresponderiam a algum tipo de zona limítrofe das semioses?

Kull (2009, p. 11) recorda que Sebeok considerava semiose e vida coextensivas: semiosfera e biosfera possuiriam uma identidade axiomática. Porém, ao mesmo tempo, é preciso ser um ser vivo para que haja a detecção de algo como signo. Kull assim estabelece uma classificação taxonômica dos tipos de semioses conforme os reinos: bacteriossemioses, protistossemioses, micossemioses (para os fungos), fitossemioses e zoossemioses. Haveria ainda as antropossemioses. Fica, entretanto, a seguinte pergunta: haveria "vírus-semioses"? No quadro a seguir, está uma síntese que proponho a partir das inquirições de Kull no artigo citado.

Quadro 4.1 Os seres vivos e as inferências semióticas

Tipos de relações estabelecidas pela evolução ou pela ontogenética	Habilidade primordial	Inferência na tríade peirceana
Vegetativas (ou filossemióticas) Obs.: têm a ver com a ideia de *anima vegetativa* aristotélica	Capazes de reconhecimento (percepção vegetal)	Relações "icônicas" (apenas "reconhecem" e transformam algo) *(die) Umwelt*[4] vegetativo (não espacial e não temporal), suficiente para a criação da biosfera; ainda assim, nenhuma relação espacial pode ser considerada nesse âmbito, já que não existe um "dois"
Animais (ou zoossemióticas) Obs.: têm a ver com a ideia de *anima sensitiva* aristotélica	Capazes de associação	Relações icônicas e indiciais (de puro reconhecimento) *(die) Umwelt* animal (espacial e não temporal)
Culturais (ou antropossemióticas) Obs.: têm a ver com a ideia de *anima rationale* aristotélica	Capazes de combinações	Relações icônicas, indiciais e simbólicas (*die*) *Umwelt* espacial e temporal Obs.: uma das distinções que a linguagem daria aos humanos seria a percepção do tempo, a cronestesia; aqui está o reino dos signos sintáticos para Sebeok. Humanos produziriam semioses com/a partir de vegetais, animais e no âmbito da cultura

Fonte: adaptado de Kull (2009).

4 *Die Umwelt* é um conceito empregado por Thomas A. Sebeok e Jakob von Uexküll proveniente da palavra alemã para "meio ambiente", "entorno". Os diferentes organismos vivos teriam seus respectivos *Umwelten*, mesmo compartilhando um mesmo ambiente (na clareira de uma floresta haveria o *Umwelten* vegetal, o animal e o cultural, por exemplo).

Penso que as contribuições do pensamento biológico e semiótico são importantes para se prosseguir com o desafio do estudo dos vírus. Ao rol das principais doenças virais que acometem humanos (como aids, poliomielite, sarampo, hepatites virais, HPV, gripe e enfermidades causadas pelo mosquito *Aedes aegypti*), somou-se, de 2019 para 2020, o SARS-Cov-2. Inicialmente, ele foi chamado de "novo coronavírus" e, de forma popular, de covid-19. De maneira diversa do SARS-CoV-1 de 2002 – que afeta mais o trato respiratório inferior, o que, de certa forma, dificulta sua transmissão –, o vírus do covid-19 se aloja tanto no trato superior quanto no inferior, e esse é um dos motivos que explicaram sua rápida disseminação.[5]

O SARS-Cov-2 é um vírus envelopado em membrana lipoproteica e possui um capsídeo proteico contendo RNA como material genético mais a fita de senso positivo. Isso torna sua ação mais rápida, já que esse tipo de RNA é lido diretamente como sendo RNA mensageiro pela célula invadida. Água e sabão e álcool 70° são recursos que podem destruir a capa de gordura viral, "despedaçando" o provável vírus invasor. Ao redor de si, o SARS-Cov-2 possui proteínas *spike* (também chamadas de proteínas S), que lhe dão uma configuração visual espinhosa. Observada "de cima", sua estrutura se assemelha a uma coroa – de onde provém o nome "coronavírus".

Uma das grandes perguntas desde a pandemia tem sido de onde esse vírus veio. Dá-se o nome de "banco" ao local em que os agentes patógenos podem ser encontrados: até a data desta pesquisa, foram nomeados quarenta vírus da família Coronaviridae, sendo que,

5 "Existem 98 grupos de estudo internacionais cobrindo todas as principais ordens, famílias e todos os principais gêneros de vírus que fazem parte do ICTV [International Committee on Taxonomy of Viruses, Comitê Internacional sobre Taxonomia de Vírus], e foi o grupo de estudos dedicado aos coronavírus de RNA de fita simples, o CSG, que sugeriu o nome SARS-CoV-2, tendo sido mencionado pela primeira vez em sua publicação em 11 de fevereiro [de 2020] no periódico *Cold Springs Harbor preprint oficial bioRxiv*" (Lesney, 2020).

destes, sete acometem humanos. É possível que os morcegos estejam em sua base, o pangolim pode ser o hospedeiro típico, e o ser humano – mediante contato frequente com sangue, carne e excrementos desses animais silvestres – contraiu o vírus. Hospedando-se no *sapiens*, o vírus veio a sofrer mutação, por isso se diz que pessoas são "hospedeiras acidentais" nesse caso. Até agora, a maior parte dos cientistas tende a acreditar que a pandemia do covid-19 teve origem natural, em vez de ser fruto de um acidente laboratorial, por exemplo.

Um vírus é um zumbi

Insisto: o que, portanto, seria um vírus?

Um vírus é um zumbi.

Pensando com biólogos e semioticistas, digo que um vírus não é vivo nem morto. Ele é um componente da biota planetária que se localiza nesse *entre-deux*, numa espécie de êxtimo para a cultura – mencionando aqui, não sem intenção, o importante conceito lacaniano do qual sempre lanço mão em minhas análises (cf., por exemplo, Messias, 2019a).

Já tratei de vírus em vários de meus trabalhos: mencionei o filme *Os doze macacos* (*Twelve monkeys*, Terry Gilliam, 1995), em que o protagonista se viu obrigado a voltar ao passado para descobrir um poderoso vírus que aniquilou boa parte da espécie humana. Também salientei a força do impacto biotecnológico impulsionado pelo 11 de Setembro na ficção científica e de terror audiovisual do século XXI. Recordei que o vírus, entre outros, é um fator externo que povoa a literatura médica teratológica há um bom tempo. Entretanto, foi em uma nota de rodapé (Messias, 2022b, pp. 390-391) que escrevi pela primeira vez um comentário que acabou por se atrelar à temática que abordo neste capítulo. Eu então discorria sobre os zumbis no cinema.

Desde George Romero (*A noite dos mortos-vivos*/*Night of the living dead*, 1968), esses monstros deixaram de ser os defuntos que se levantavam de seus túmulos a partir de invocações de feiticeiros (*Zumbi branco/White zombie*, Victor Hugo Halperin e Edward Halperin, 1932; *Revolta dos zumbis/Revolt of the zombies*, Victor Hugo Halperin, 1936; *O rei dos zumbis* aka *Superstições diabólicas/King of zombies*, Jean Yarbrough, 1941; *A morta-viva/I walked with a zombie*, Jacques Tourneur, 1943) para ganharem um novo patamar, muito mais deslocado do sobrenatural e vinculado aos horrores do dia a dia e à degenerescência do corpo em um mundo de não ressurretos.

Nesse contexto, um "zumbi 2.0" nos sinalizaria muito mais o real lacaniano do que os dos primeiros filmes, de pendor folclórico, uma vez que expõem ao espectador carnes em decomposição, vísceras sangrentas e caminhantes desfigurados que apenas emitem sons guturais em busca de cérebros para comer.

A partir do cinema de fins dos anos de 1960, esse monstro tem caminhado junto à cultura pop a partir de uma fabulação que o coloca como resultado de contaminações e vazamentos radioativos. Em várias produções, a epidemia zumbi vem como consequência de uma epidemia virótica letal. De um lado e do outro, dentro e fora do corpo, no sujeito e na civilização, os zumbis ficcionados são mortos-vivos muitas vezes virais e viralizados.

Também na mesma obra (Messias, 2022b), comentei com mais fôlego sobre *Extermínio* (*28 Days Later*, Danny Boyle, 2002) e *Extermínio 2* (*28 Weeks Later*, Juan Carlos Fresnadillo, 2007). E lembrei que o filósofo Jacques Derrida (2011, p. 74) também tratou do vírus como invasor, *alien*, hóspede.

O vírus, portanto, se comporta muito mais como um híbrido de comportamento maquinal, sem aparência orgânica, mas tampouco totalmente inorgânico: trata-se de um elemento "quase". Por conta desses fatores desafiantes e inclassificáveis, os vírus se tornaram, de fato, muito caros à ficção.

Tal angulação pode ser exemplificada em outro filme que sempre me chamou a atenção: *O hospedeiro* (*Gwoemul*, Bong Joon-ho, 2007), no qual o diretor faz alusões às então recentes preocupações do mundo para com os vírus da gripe aviária e da SARS – a síndrome respiratória aguda grave –, em um enredo que apresentou um monstrengo que se dava a ver à luz do sol e não tinha nenhum pudor em raptar suas vítimas.

Em outros trabalhos meus (Messias, 2019a, 2023), parto do vilão Strickland, de *A forma da água* (*The shape of water*, Guillermo del Toro, 2018) para chegar aos filmes de zumbis. Menciono a presença de vírus, armas químicas, poluição, radiação e outros agentes como elementos dos quais a ficção científica sempre se alimentou para engendrar monstros (Messias, 2019a, p. 82). Já em um terceiro livro, trabalho com a perspectiva dos vírus que atingem os computadores e as máquinas inteligentes (2019b, pp. 206, 209), mas também retorno ao enigmático vírus da biologia (pp. 212-213), sempre exemplificando com a ficção.

Vírus, pois, são monstros que inquietam a humanidade porque são invisíveis, catastróficos, mortíferos e reais. Entre tantas coisas com o que a ciência deve se preocupar, os vírus assumem um lugar proeminente.

A descoberta dos vírus pela ciência

Como já comentei nesta obra, os vírus antecedem a humanidade e são quase tão remotos quanto as bactérias na trajetória da evolução no planeta. Só não são mais antigos que essas últimas porque eles necessitam de uma célula hospedeira para que nela possam "despertar".

Em latim, a palavra *virus* transmite as ideias de "veneno", "peçonha", "líquido viscoso", "seiva de planta" e "poção poderosa". O uso do termo para representar um agente causador de doenças infecciosas data apenas de 1728, em alusão a doenças venéreas, enquanto seu uso científico moderno se deu na década de 1880. Já o vírus com sentido computacional foi usado a partir de 1972.

A história da virologia começa em finais do século XIX e, ainda que o cientista francês Louis Pasteur e o naturalista e médico britânico Edward Jenner tenham desenvolvido as primeiras vacinas, eles não sabiam que vírus existiam. A primeira evidência desses "organismos acelulares" provém de experimentos com filtros que eram mínimos o suficiente para conseguirem reter bactérias. Em 1892, o botânico russo Dmitri Ivanovsky usou um filtro para mostrar que a seiva de uma planta do tabaco doente infeccionava plantas saudáveis semelhantes a ela, apesar de ter sido devidamente "filtrada". Pois foi Martinus Beijerinck, microbiólogo e botânico holandês, quem nomeou de "vírus" justamente aquela substância infecciosa não retida pela filtragem.

No início do século XX, muitos vírus começaram a ser descobertos, sobretudo a partir da caracterização dos bacteriófagos mediante os trabalhos de Frederick Twort, bacteriologista inglês, e de Félix d'Herelle, microbiólogo franco-canadense. Em 1926, Thomas Milton Rivers, bacteriologista e virologista americano, definiu os vírus como parasitas envelopados. Para Wendell Meredith Stanley, bioquímico e virologista também americano, eles estavam muito mais próximos de serem partículas do que fluidos, e somente a invenção do microscópio eletrônico, em 1931, permitiria que suas complexas estruturas pudessem ser mapeadas.

Como expliquei, para a biologia o vírus ainda tem uma classificação polêmica: muitos acreditam que, na árvore filogenética em que estão os reinos Monera, Protista, Fungi, Animal e Vegetal, não cabe uma rama para os vírus, a exemplo de Lynn Margulis e Karlene Schwartz (2001). As duas pesquisadoras trouxeram uma divisão didática dos seres vivos na década de 1980: ao distribuir ilustrativamente os cinco reinos pelos dedos de uma mão, teríamos no polegar o mais antigo de todos, o Bacteria; o dedo mínimo seria o Protoctista (anteriormente chamado de Protista), que incluiria as algas marinhas fotossintetizantes e os protozoários; os dedos anelar e médio seriam dedicados aos reinos Fungi e Plantae (ou Metaphyta), enquanto os membros do reino Animalia (ou Metazoa) ficariam no indicador. Nessa abordagem, emerge um estranhamento: para a ciência, o vírus, claro, foge ao dimensionamento que o senso comum costuma atribuir para animais e plantas. A classificação das autoras não previu, portanto, que talvez se trate aqui de um caso de polidactilia: onde colocar o vírus, esse "dedo indesejado", mas presente como uma espécie de apêndice fantasma na árvore classificatória?

O sueco Carlos Lineu foi o cientista que classificou os seres vivos nos reinos Animal e Vegetal. De sua classificação mais simples, surgiram muitas outras: com o microscópio, criou-se, em 1866, o termo "protista" para se referir aos seres que não se enquadravam nem em um reino, nem em outro, vindo a ganhar um reino próprio posteriormente. Em 1956, o biólogo norte-americano Herbert Copeland pensou em um reino para as bactérias: o Monera. Em 1969, outro americano, Robert Whittaker, propôs a organização dos seres em cinco reinos: Monera, Protista, Fungi, Animalia e Plantae.

Existe ainda a bela imagem de uma árvore da vida, proposta adotada por muitos cientistas, na qual os seres vivos estariam organizados por nível hierárquico evolutivo, e não em domínios, reinos, filos, famílias etc. Mas, nesse caso, os vírus também não estariam inseridos: são apátridas desde sempre.

Para abrandar a angústia que se reveste de um âmbito até mesmo ontológico, há os que simplesmente aceitam a existência de um reino à parte: o Virus. E, como já mencionei, um vírus é mesmo um organismo tão estranho que se costuma empregar um termo para quando ele não está invadindo uma célula: vírion (ou seja, uma partícula viral em potencial).

Galinhas, porcos, macacos e humanos

Alguns exemplos de possíveis epidemias e pandemias das quais nos livramos do final do século XX até agora:

Quadro 4.2 Algumas epidemias e pandemias do final do século XX até hoje

Ano	Agente patógeno	Local (locais)/Como se deu a transmissão
1990	Vírus sabiá	Surgido no bairro Jardim Sabiá, em Cotia, a 20 km da cidade de São Paulo, transmitido por secreções de algum roedor. Muito letal e contagioso.
1997, 1999, 2002	Várias gripes aviárias resultado da mutação de vírus de aves selvagens com criações de galinhas	Holanda, Itália, Estados Unidos e Canadá
2001	Antraz (bioterrorismo)	Estados Unidos
2003	Síndrome respiratória aguda grave (SARS)	O gato almiscarado era levado para mercados de Guangdong, no sudeste da China, onde ficava aprisionado para comercialização. Lá, macacos, cobras, lagartos, pangolins, tartarugas, morcegos, guaxinins e pássaros da Índia, de Bangladesh, da Tailândia, de Laos, da Indonésia e do Vietnã ficavam à venda para restaurantes. Muitos cozinheiros preparavam esses animais sem normas de higiene: o chão das cozinhas ficava atapetado de sangue, urina e fezes dos gatos abatidos. Daí provavelmente surgiu o vírus da SARS, que costuma matar 10% dos acometidos. Na época, houve um negacionismo tanto governamental quanto militar. O vírus chegou a Hong Kong, cidade que viveu várias epidemias em sua história recente, e se espalhou por blocos de sete prédios, emanando de ralos e exaustores e da brisa entre edifícios muito próximos uns dos outros. Em julho, a doença sumiu abruptamente. O alerta da OMS ajudou a conter a transmissão a tempo. Animais domésticos são suscetíveis de serem vetores do vírus da SARS ou de outros vírus parecidos: gato, raposa, javali, furão e guaxinim, por exemplo. E guaxinins são abundantes na China porque fornecem pele e carne.

(continua)

(continuação)

Ano	Agente patógeno	Local (locais)/Como se deu a transmissão
2004/ 2005	H5N1 (gripe do frango)	Inicialmente, contaminou uma garota na Tailândia. Depois, surgiu na Indonésia.
2008	Febre maculosa, transmitida por carrapato	Uma pessoa havia chegado infectada no Rio de Janeiro procedente da África.
	Vírus do Marburg	Uma turista holandesa foi internada às pressas com uma infecção: ela havia visitado a caverna Python no Parque Nacional Rainha Elisabeth, em Uganda, e foi contaminada por fezes de morcego.
	Vírus Lassa (ou febre de Lassa), transmitido por roedores	Na África do Sul.
2009	Gripe suína H1N1	Primeira pandemia do século XXI, com letalidade de 0,1%. Oito milhões de pessoas foram acometidas.
2009-2010	H1N1	Surgiu em porcos da América do Norte. O vírus chegou ao Brasil em julho de 2009.
2012	Síndrome respiratória do oriente médio (MERS)	Um coronavírus altamente contagioso nos foi transmitido pelo camelo.
2013-2016	Ebola	Os primeiros casos surgiram na Guiné, em 2013. De lá, a doença se espalhou para a Libéria e Serra Leoa. Ao todo, foram mais de 11.300 mortes.
2015-2016	Zika	Começou discretamente no Brasil, em 2012, e foi se disseminando pelos países da América do Sul e Central e pelas ilhas do Caribe.
2016-2017	Febre amarela	Surgiu em dezembro de 2016 em Minas Gerais, e se espalhou por nove estados brasileiros.
2019-2023	Covid-19	Surgiu na cidade de Wuhan, na China, espalhando-se rapidamente por praticamente todo o mundo.

Obs. 1: Temos de considerar algumas epidemias sendo permanentes, como a aids, que é um flagelo sanitário no continente africano, assim como as doenças transmitidas por picadas de mosquitos.

Obs. 2: Sempre se temeu uma epidemia parecida com a da SARS de 2003 se originando a partir de algum vírus transmitido pelo morcego conhecido por raposa voadora, do Sudeste Asiático. Como porcos podem ser visitados por morcegos à noite, em 1999 surgiram casos de vírus Nipah em suínos numa fazenda da Malásia. Humanos também foram detectados com esse mesmo vírus em 2023, na Índia. Algumas contaminações aconteceram após pessoas comerem frutas ou beberem seiva de palma que continham materiais orgânicos do morcego transmissor, o qual pertence ao gênero *Pteropus*.

Vírus no cinema

Uma obra-prima costuma receber interpretações ricas, profusas e diversas ao longo do tempo. Assim é com vários dos filmes dirigidos por Alfred Hitchcock. Já tratei de aspectos psicanalíticos e antropológicos que podem ser apreendidos a partir do fenômeno dos ataques zoológicos na antológica obra *Os pássaros* (*The Birds*, 1963) (Messias, 2022b, pp. 33, 234, 265, 339, 348). Aqui, é inevitável pensar sobre a intromissão repentina de aves raivosas que atacavam inesperadamente as pessoas da pequena Bodega Bay. Era como um surto – de causa viral ou de outra ordem. O que interessa é que, tanto no conto homônimo de 1952 de Daphne du Maurier[6] quanto na versão hitchcockiana, a fúria não tem explicação e, por isso, abre campo para metáforas em uma obra atrelada a um século marcado por epidemias, pela pandemia de 1918-1919, por duas guerras mundiais e por nefastas experimentações atômicas.

Há quem diga que o mestre do suspense havia se inspirado também em fatos reais então recentes: dois anos antes de seu filme ser lançado, em North Monterey Bay, na mesma ensolarada Califórnia de Bodega Bay, algumas aves marinhas passaram a vomitar anchovas, a se chocar contra paredes e a morrer após esses estranhos comportamentos. Décadas mais tarde, em 1991, pelicanos apareceram na costa do mesmo estado americano, desorientados e moribundos. Foram-se

---

6 Na verdade, Frank Baker, autor do romance *Os pássaros*, ameaçou processar, pelo uso indevido de seu texto, tanto Hitchcock quanto Daphne Du Maurier, que era prima de um antigo editor de Baker. Ainda que a versão oficial do roteiro cinematográfico informe que a obra foi inspirada no texto de Du Maurier, o qual se encontra incluído na compilação de contos da autora denominada *The Apple Tree*, de 1952, Baker já havia publicado seu livro em 1936. De fato, há muitas semelhanças narrativas da obra posterior com sua antecessora. Em 1953, saiu no Brasil, pela editora Mérito, a obra *Beija-me outra vez, desconhecido* – opção de título para *The Apple Tree* –, contendo a tradução do polêmico conto de Du Maurier, então denominado *As aves*.

aos milhares. Havia uma neurotoxina no corpo daqueles animais, a mesma que pode ter causado o surto de trinta anos antes: a chamada pseudo-nitzschia, encontrada em amostras de fitoplâncton.

A arte intui, anuncia e prenuncia potências contingenciais. Deflagra os desacertos e a impotência humana. A literatura de ficção e a cinematografia sobre vírus, epidemias e pandemias são extensas e assustadoramente admoestadoras. Em 1995, o já mencionado *Os doze macacos* (*Twelve monkeys*, Terry Gilliam), enredo de ficção científica, propunha uma viagem no tempo para se impedir a eclosão de uma praga que eliminaria boa parte da humanidade. No mesmo ano, *Epidemia* (*Outbreak*, Wolfgang Petersen) mostrava cientistas lutando contra a propagação de um vírus trazido da África por um macaco levado clandestinamente para a Califórnia. Já *Contágio* (*Contagion*, Steven Soderbergh, 2011) tratava de uma mulher que voltava para seu lar no estado de Minnesota após contrair uma estranha doença em Hong Kong. Morta após alguns dias, ela deixou o marido apresentando os mesmos sintomas e bastante assustado à medida que o surto da enfermidade começava a se espalhar.

A National Geographic lançou, em 2019, uma minissérie no gênero *thriller* contendo seis episódios intitulada *Hot Zone* (Brian Wayne Peterson, Kelly Souders), criada por James V. Hart e baseada no *best-seller* homônimo de Richard Preston, publicado em 1994. No enredo, um cientista começa a sofrer com determinados sintomas na África Central e logo se tem início uma epidemia de ebola que vai percorrer vários países. O ebola estava na lista dos graves perigos epidêmicos para a humanidade desde sua descoberta em 1976 e seu surto de 1989.

Os elementos da ficção científica no cinema das primeiras décadas do século XX poderiam ser resumidos a viagens ao espaço, com destaque à Lua, e a um hibridismo daquele gênero com histórias de *serial killers* e terror (a exemplo das famosas produções da RKO, da Universal, da Columbia e da Republic). Somente nos anos de 1950 (Messias, 2022b, p. 334 *et seq.*) é que a ficção científica se estabeleceria na grande tela como um gênero mais bem estabelecido, cujos cânones passariam pela disseminação do medo em relação aos "marcianos comunistas" e pela exaltação do estilo de vida americano: MGM, Paramount, 20th Century, Warner Bross e Columbia foram os grandes estúdios que se aventuraram em solidificar tais abordagens.

Entretanto, a temática do vírus como agente desestabilizador da civilização passou a ocupar um lugar significativo ao lado do temor do aniquilamento por armas nucleares, tópica igualmente popular nos anos de 1950 e 1960. Em 1971, *O enigma de Andrômeda* (*The Andromeda strain*, Robert Wise), adaptado de um romance de 1969 escrito por Michael Crichton (que também foi transformado em minissérie: *The Andromeda strain* (Robert Schenkkan, Michael Crichton, 2008) aborda uma equipe de cientistas que investigam uma doença extraterrestre que começou a dizimar a população da Terra.

As formas do inominável: do quiroptérico ao transbordamento zoonótico

O vírus do covid-19, que, conforme já vimos, de início nem nome direito tinha, veio a assumir algumas vezes o papel de uma espécie de criatura criptozoológica saída provavelmente do sangue – de morcego ou de pangolim, ainda não se soube – que teria escorrido nas feiras livres da cidade chinesa de Wuhan. Aqui temos o elemento quiroptérico ao qual já dediquei algumas páginas (Messias, 2022b, pp. 111-119) – associação medieval com a feitiçaria e com o desconhecido. Vale como reflexão pensarmos no quatipuru, nome que o morcego recebe entre os índios Hini Kiun do Acre e do Leste da Amazônia peruana, animal que teria a capacidade mágica de transformar a própria forma. Por isso, esses indígenas mantêm o tabu de não comer morcegos (cf. Lagrou, 2020). Em nossa civilização sem direcionamento ecosófico, foi preciso encontrar rapidamente a explicação biológica para o desastre pandêmico – não apenas sanitário, mas ecológico: mais uma vez, havia-se invadido o refúgio recôndito de alguma espécie.

O inominável ganhou vários nomes: no início, "vírus chinês" (com carga xenofóbica, o que causou até mesmo ondas de preconceito contra povos orientais); depois, coronavírus (mas logo se soube que coronavírus são variados), "novo coronavírus" (termo em que, por muito tempo, os próprios jornalistas insistiam, ao lado de outra aberração neologística: o chamado "novo normal"), covid-19, SARS-Cov-19, "coronga" (em uma série de áudios de humor no Instagram).

Como muitas vezes necessitamos do roteiro da ficção para darmos forma às probabilidades científicas, pode-se supor – na mesma trilha do que aconteceu com outras enfermidades infecciosas na história humana – que o estresse de morcegos ou pangolins aprisionados, transportados e confinados para consumo humano pode ter desencadeado respostas e defesas imunológicas na forma de um vírus latente que se tornaria manifesto e, posteriormente, contagioso. Nesses casos, não é preciso muito esforço: basta que fluidos do animal entrem em contato com mucosas ou com ferimentos de alguma pessoa para que uma catástrofe epidemiológica ganhe curso.

A experiência marcante com a pandemia do covid-19 sinaliza, de uma vez por todas, que não é mais possível pensarmos nas velhas dicotomias (natureza *vs.* cultura, ou seja, *nature vs. nurture*; selvagem *vs.* civilizado; animal *vs.* humano), de onde caímos no grande engodo criado por nossa espécie:

> *Nossa ideia corrente de cultura projeta uma paisagem antropológica povoada de estátuas de mármore, não de murta: museu clássico antes que jardim barroco. Entendemos que toda sociedade tende a perseverar no seu próprio ser, e que a cultura é a forma reflexiva deste ser; pensamos que é necessária uma pressão violenta, maciça, para que ela se deforme e transforme. Mas, sobretudo, cremos que o ser de uma sociedade é seu perseverar: a memória e a tradição são o mármore identitário de que é feita a cultura. Estimamos, por fim, que,*

> *uma vez convertidas em outras que si mesmas, as sociedades que perderam a tradição não têm volta. Não há retroceder, a forma anterior foi ferida de morte; o máximo que se pode esperar é a emergência de um simulacro inautêntico de memória, onde a "etnicidade" e a má consciência partilham o espaço da cultura extinta.* (Viveiros de Castro, 2002, p. 195)

Se tivéssemos estabelecido novas formas e, mais do que isso, se tivéssemos preferido um caminho civilizacional mais tênue, menos abrupto no que tange ao tardo-capitalismo devorador, estaríamos convivendo melhor com o planeta e com os agentes de sua biota. E, provavelmente, não teríamos tido essa pandemia ou, se ela tivesse emergido, não teria causado os estragos que deixou pelo caminho. Qualquer epidemiologista diria que não aprendemos muito, como civilização, a partir da pandemia de 1918-1919. Se não houvesse os monstruosos aglomerados urbanos – extensas conturbações nascidas do dia para a noite a partir da década de 1960 como arquiteturas duras que se repetem em vários países –, a conduta de uma nova enfermidade teria sido diferente. Às megacidades se somam as facilidades de trocas e de intercâmbios nos dias de hoje, em que, na velocidade dos aviões, voam também micro-organismos presos em suas rodas. Navios, trens, caminhões, enfim, todos os meios de transporte colaboram para a disseminação de patógenos: a civilização se faz disseminando redes e criando vias de todas as ordens. Uma aldeia contaminada, por exemplo, seria facilmente isolada no caso de uma nova doença e, ao se atingir a chamada imunidade de rebanho,[7] a enfermidade tenderia a perder sua força. É o que deve ter acontecido

7 A imunidade de rebanho (ou imunidade de grupo, imunidade coletiva, imunidade de comunidade, imunidade de população ou imunidade em massa) é uma proteção indireta contra infeções. Ela se dá quando um porcentual suficiente de pessoas se torna imune a determinado patógeno, tanto por conta de vacinas quanto devido a infecções anteriores. Isso diminui a probabilidade de infecções em indivíduos ainda não imunes.

com grupos humanos pré-históricos: após um tempo de contaminação, um determinado agente infeccioso não agia mais no clã ou grupo. O que o mundo experimentou com o covid-19, porém, foi, para muitos pesquisadores, um evento de *zoonotic spillover*, ou seja, um transbordamento zoonótico.[8]

Em 2002, o SARS-CoV ocasionou um surto em Guangdong, província chinesa, e atingiu 26 países; dez anos depois, foi a vez do MERS-CoV, muito mais fatal e que surgiu no reino da Arábia Saudita, espalhando-se por 27 países. Ambos os vírus são betacoronavírus e, junto com o SARS-CoV-2 – o sétimo coronavírus que se conhece até a publicação deste livro com capacidade de infectar nossa espécie –, têm uma origem zoonótica. Isso significa que suas bases naturais não se originam nos humanos. As doenças que surgem mediante transmissão cruzada de uma espécie a outra são chamadas zoonoses (além de se supor que o covid-19 tenha tido origem zoonótica, incluímos aqui a aids, o ebola, a raiva, a peste bubônica, a gripe suína e a leishmaniose).

Como vimos, o rompimento da barreira entre espécies se chama transbordamento zoonótico, mas, para que isso ocorra, é preciso haver determinadas condições ecológicas, epidemiológicas e também comportamentais da espécie base, da espécie transmissora e da espécie receptora – e parece que isso foi o que ocorreu com o covid-19. Aquele tipo de coronavírus se adequou aos seguintes requisitos: a) pressão do patógeno (que implica a quantidade de vírus disponível para infectar

8 O termo se refere a uma infecção ocasionada por transbordamento patogênico, que é quando um determinado reservatório natural – ou seja, uma população hospedeira de origem – com grande incidência de um patógeno mantém contato com outra população, que pode vir a ser uma nova hospedeira. Estima-se que mais de dois terços dos vírus que acometem seres humanos se dão por eventos de transbordamento zoonótico, ou seja, por transmissão realizada via outros animais. A proximidade filogenética entre espécies facilita a transposição das barreiras biológicas por parte dos vírus e bactérias, motivo pelo qual os mamíferos são capazes de nos transmitirem várias doenças.

um ser humano em um determinado ponto no tempo e no espaço); b) comportamento humano e vetorial (ou seja, a probabilidade de contaminação, a quantidade e as vias de contágio); e c) características imunológicas, genéticas e fisiológicas do receptor. O que se supõe, conforme comentado, é que o reservatório para o SARS-CoV-2 possa ser o morcego ou o pangolim, ou ainda a relação morcego-pangolim (este como reservatório secundário). A suposição primária de ser um morcego se deve ao fato de o SARS-CoV, responsável pela pandemia de 2002, ter sido transmitido provavelmente por determinados morcegos (cf. Andersen *et al.*, 2020; Plowright *et al.*, 2017).

Parte III
Covid-19 e tanatopolítica

5. Tudo começou com o negacionismo

O medo começou a fragmentar a cidade. Laços de confiança se romperam. Começaram a surgir sinais não só de nervosismo, mas de raiva, não só de dedos apontados ou proteção dos próprios interesses, mas sinais de egoísmo em face da calamidade geral. As centenas de milhares de doentes na cidade passaram a ser um fardo pesado demais para carregar. E a cidade começou a explodir em caos e medo.

Barry, 2020, p. 375

O governo federal não fornecia nenhuma orientação considerada crível por qualquer pessoa razoável.

Barry, 2020, p. 379

As pessoas não podiam confiar no que liam. Da desconfiança surge a incerteza; da incerteza, vem o medo; e do medo, sob tais condições, o terror.

Barry, 2020, p. 381

A primeira das epígrafes apresenta um panorama que se assemelhava ao de várias cidades do mundo durante a pandemia do covid-19 que, por determinado momento, se cobriram de pânico: poderia ser Turim, Manaus ou Guayaquil, por exemplo, nas quais faltou atendimento médico e hospitalar suficientes e o caos generalizado ganhou as manchetes do planeta.

O segundo excerto parece retirado de alguma matéria sobre os chamados governos negacionistas da pandemia de 2020: Brasil, Nicarágua, Turcomenistão, Bielorrússia e, posteriormente, México. O grupo dos quatro primeiros países foi chamado pelo *Financial Times* de "Aliança do Avestruz": dentre eles, a única democracia era o Brasil (cf. Shipani, 2020). A Nicarágua estava sob o governo do ditador Daniel Ortega; o Turcomenistão, com a liderança autocrática de Gurbanguly Berdimuhammedow, e a Bielorrússia, submetida ao governo de viés ditatorial de Alexander Lukashenko.

A terceira citação parece confirmar nossa era de *fake news* e *deep fakes*.

No entanto, as três epígrafes se referem à pandemia da gripe de 1918-1919 e ao seu impacto nos Estados Unidos. A cidade devastada e deixada à mercê durante a calamidade era a histórica Filadélfia.

A segunda epígrafe denuncia, ainda, a falta de orientações e ações sanitárias por parte do governo federal americano, enquanto a terceira critica o discurso negacionista ou minimizador de boa parte dos jornais impressos da época.

Ao lermos todas elas, temos a sensação de que pouco havia mudado no trato de uma pandemia em mais de cem anos. Os mesmos problemas se repetiram no mundo, e o que poderia ter sido uma questão de saúde pública sob orientações serenas e unívocas caminhou para descontroles e desacertos que fizeram com que o número de contaminados e mortos aumentasse muito: o descompasso entre vários políticos que desprezaram a gravidade da situação e deixaram maus exemplos à população, em comparação com as advertências da medicina e das mídias, percorreu o planeta.

Esta terceira parte do livro, portanto, discute justamente modelos tanatopolíticos de governança aplicados durante a pandemia do covid-19. Considero a tanatopolítica uma "passagem" da biopolítica foucaultiana para um outro estado de coisas. A primeira tratava das tecnologias de poder com vistas a "fazer viver" mediante o assujeitamento (cognitivo, moral, legal, social, médico) do sujeito. E uma tal "potencialização da vida" levaria à morte segundo a visão do filósofo francês. Mas o que aqui chamo de "passagem" não representa necessariamente um passo adiante à biopolítica, como se houvesse uma evolução retilínea de procedimentos. Ambas podem conviver. Além disso, a fortuna crítica da tanatopolítica conta, ainda que transversalmente, com contribuições de Hannah Arendt e Giorgio Agamben, entre outros, com a perspectiva de se buscar uma visão mais especializada a respeito do atual estádio civilizacional. Nesse escopo, temos como central a figura do *animal laborans*, o que trabalha para produzir.

Em meio às demandas por produtividade – estratégia para que o neoliberalismo continue valendo –, reforçou-se o negacionismo da pandemia entre diversos políticos e empresários mundo afora, afinal, as pessoas precisavam continuar a ter poder de compra. Nesse escopo, vidas importavam, mas desde que fossem a força motriz do capitalismo. Porém, há uma incongruência tão grande nesse ciclo que ele se irrompe facilmente quando um evento pandêmico emerge: o que antes da pandemia parecia discurso de vida ("saia para trabalhar para manter seu ganha-pão e, quem sabe, ter uma casa e conseguir criar uma família") passou a se revelar rapidamente como discurso de morte ("saia para trabalhar enquanto seu patrão se protege"; "exponha-se para que você ganhe imunidade de rebanho"). Esses são exemplos dos imperativos de morte que atuam eliminando os "redundantes" sociais (os pobres e os extremamente pobres, por exemplo), enquanto os resilientes (os que podem ficar em casa, os que querem ficar em casa) ganham mais probabilidade de sobreviver.

6. Pandemônio icônico

A semiótica, ciência lógica dos signos formulada por Peirce entre 1867 e os primeiros anos do século XX, tem, em um de seus braços, a faneroscopia ou fenomenologia, que é o estudo sistemático das maneiras universais de apreensão do mundo. Desde então, vários campos do saber têm utilizado conhecimentos semióticos para pensarem diferentes eventos e fenômenos. No Brasil, a partir do final dos anos 1960, as ciências da comunicação começaram a criar parcerias com o pensamento peirceano, no intuito de se renovar abordagens muitas vezes circunscritas ao que era estrito ao campo sociológico. Ao mesmo tempo em que se tornou uma área de reflexões originais para o fazer e a interpretação jornalística, a semiótica também penetrou as artes, com destaque para o cinema e a literatura, e igualmente as ciências fora do escopo das humanidades. Portanto, este parágrafo localiza a semiótica como ferramenta útil para um esforço analítico sobre a pandemia do covid-19.

De início, engajo-me à polêmica gramatical: referencio a doença com o artigo masculino, "o covid-19" (termo criado a partir do termo *COronaVIrus Disease*, "doença do coronavírus"), considerando que várias enfermidades ganham metonimicamente o gênero atribuído a seus respectivos vírus (a exemplo de "o" zika, "o" ebola), mas entendo que o feminino é aceitável pela lógica de silepse de gênero: "a" (doença do) covid-19. O número 19 se refere ao ano em que o vírus foi encontrado na China.

Uma das abordagens que aqui trago diz respeito a como canais e programas da mídia televisiva vieram, em um primeiro momento, a "dar forma" ao vírus (sobretudo de janeiro a março de 2020) e, semanas mais tarde (de abril a junho do mesmo ano), a empregar imagens do mórbido e do macabro como tônicas de um discurso que – ainda que fundamentado na necessidade de "alertar" as pessoas a seguirem medidas médicas preventivas – acabou por ter como efeitos colaterais o medo, o pânico e a paranoia.

Sempre fui contrário à argumentação do senso comum sobre os alertas epidemiológicos de que, se não fossem mostradas imagens de gente morta e de caixões empilhados, as pessoas não ficariam em casa. Considero que a saturação de signos tende a remeter o sujeito a um "não ver", a um "não querer saber" ou, pior, a uma adaptação rotineira – ainda que emocionalmente perturbadora – à realidade mortífera do dia a dia. Com o tempo, o indivíduo fica exaurido com o desfile de cenas em torno do caos hospitalar, do depoimento de vítimas, do desespero dos que haviam perdido parentes.

Por outro lado, o comportamento de determinadas pessoas que possuíam influência social denegava a realidade, o que permitiu que muitos indivíduos influenciados chegassem ao ponto de ignorar as prescrições sanitárias, em parte também estimulados por desacertos e imbróglios de certos governantes. O resultado foi o aumento da insegurança, da falta de referências, do desespero e do pânico na população. As abordagens midiáticas, sobretudo com o aval de epidemiologistas, orientavam as pessoas a ficarem em casa e a manterem o isolamento social. Ao mesmo tempo, grupos negacionistas disseminavam *fake news* e faziam carreatas e passeatas em cidades brasileiras. Tais manifestantes pediam que os militares tomassem o poder, incitavam o retorno ao trabalho dos que estavam em "quarentena" e diziam que o vírus não era tão perigoso quanto se pensava, entre outras conclamações e exigências antidemocráticas (como fechamento do Congresso e do Senado e o retorno do AI5, o terrível Ato Institucional número 5 da época da ditadura).

Parte dos brasileiros, trancados em suas casas, assistiam impotentes a discursos de ódio e a maus exemplos em redes sociais, em meio aos números cada vez mais altos de contaminados e de mortos. Fomos testados em nossos limites: por muitos meses permanecemos enclausurados, claustrofóbicos, hipocondríacos e paranoicos. Muitos de nós não víamos a pandemia amenizar e desenvolvemos um desespero emocional de grande monta.

Não seriam, portanto, imagens mórbidas que diminuiriam a propagação do vírus no Brasil. O crescente nível de mal-estar aumentou em muito com as avalanches intermináveis e repetitivas de reportagens e comentários, tanto sérios quanto intencionalmente falsos.

Nos meses iniciais de 2020, milhões de brasileiros, ao buscarem se informar, recebiam orientações para que ficassem em casa: afinal, a ameaça começou "lá fora", e não havia ainda uma forma eficiente de se lidar com ela. A experiência de se isolar socialmente e de interromper boa parte das atividades cotidianas que eram realizadas fora de casa reforçou os sintomas de cada qual: quem tendia à histeria, mais histérico ficou; os fóbicos se tornaram mais temerosos; os paranoicos viveram dias de enorme angústia; os obsessivos se apegavam aos números e gráficos. Ao mesmo tempo, fomos impelidos a atos obsessivo-compulsivos mediante o insistente e necessário imperativo de se lavar constantemente as mãos, limpar superfícies, higienizar compras e usar máscaras. Ficamos um pouco parecidos com certas personagens do filme de Vicente Villanueva, *Toc Toc* (2017). E, como já disse, as alternativas de controle do covid-19 não eram muito diferentes daquelas empregadas durante a pandemia de 1918-1919: isolamento social, uso de máscaras, etiqueta social ao tossir. De praxe, são os mesmos procedimentos adotados quando há infecções respiratórias ainda sem tratamento eficiente ou quando não podemos contar com vacinas.

A pandemia foi declarada oficialmente em 11 de março de 2020 pela Organização Mundial da Saúde, a OMS. No Brasil, as pessoas, além de reclusas, tinham de presenciar embates e acusações políticas, trocas repentinas de ministros, de secretários e de assessores e guinadas estratégicas em cargos políticos, enquanto a frente médica tentava promover medidas urgentes de atenuação e mitigação daquele grave problema sanitário.

Dessa maneira, a luta que, inicialmente, deveria ser a favor da vida se tornou um embate repetitivo, em que forças antagônicas disseminavam mensagens que se tornaram, muitas vezes, confusas para a população.

Deixo claro que, em nenhum momento, minha análise pretende invalidar ou contradizer o que a medicina, a ciência e os pesquisadores da saúde apregoaram como sendo as condutas melhores durante os períodos de maior colapso da pandemia do covid-19. O que me interessa é olhar para as estratégias dos veículos de comunicação, os quais são também esses intermediários, intérpretes, comentadores e tradutores de tudo o que consideram noticioso – justo em uma situação única, catastrófica e de dificílimo contingenciamento. Epidemiologistas diziam que não se tratava de se ter um plano A e um plano B: a alternativa era a de que o máximo de pessoas ficassem em casa para que não houvesse sobrecargas no Sistema Único de Saúde (SUS), evitando-se, assim, que um número mais elevado de doentes necessitasse de internação e pudesse vir a óbito.

7. Alucinações semióticas

O que fazer com um vírus que começa a agir discretamente em uma província chinesa, mas, aos poucos, vai ganhando avassaladoramente o cenário mundial de maneira nefasta e desafiadora? Semiotizamos a realidade para que ela também nos seja mais bem compreendida e menos assustadora. Inicialmente, percebemos o mundo por meio de nossos sentidos; a linguagem simbólica só vem em um segundo plano, ainda que sua "entrada" represente, às vezes, milésimos de segundos em relação ao que nos veio pelo viés perceptivo. Com isso, quero dizer que os estímulos brutos e imediatos da experiência – os chamados perceptos –, quando incididos sobre nós, nos afetam sem que ainda deles possamos contar no âmbito da razão. De início, pode ser a aparência de algo o que nos irá arrebatar; mais tarde é que nos virão formulações e conjecturas hipotéticas, heurísticas, abdutivas. Portanto, o que se nos apresenta num determinado momento terá interpretação posterior. Vou chamar essa "entrada" da percepção de "intrusão" ou "intromissão" de materiais icônicos da primeiridade peirceana. Eles têm uma função mostrativa e qualitativa, e, assim, podemos pensar que algo se dá a perceber em sua própria "mostração". Tenho apreço a esta palavra por sua relação direta à etimologia de "monstro" (Messias, 2022b, p. 58), o que cabe muito bem às proposições que teço a seguir a respeito do covid-19.

Da mostração do vírus, chegamos a considerações sobre suas representações variadas e multiformes, sobretudo nos veículos midiáticos. Em 2020, dizia-se que, já por vários anos, os programas jornalísticos da TV estavam perdendo credibilidade para as redes sociais. Milhões de pessoas confiavam mais no que era divulgado pelo grupo familiar de WhatsApp do que naquilo que era anunciado na escalada dos jornais da noite – e tal fenômeno ainda persevera entre milhões de pessoas. Então, por um breve momento, a pandemia pareceu ter trazido de volta a necessidade de uma voz mais ou menos comum e em tom oficioso e científico, já que, em se tratando de vida e morte, as especulações das redes sociais pouco acrescentavam – mas a força destas últimas continuou intensa. Como os próprios jornalistas televisivos comentavam, vivenciamos uma guerra de "narrativas".

A questão era em quem confiar e onde se fiar em um momento em que só havia suposições e nenhuma certeza – a não ser a de que o vírus, como costuma ocorrer em epidemias, estava se disseminando com muita rapidez. A ideia que se tinha era a de que ele contaminaria mais e mais pessoas, sua propagação teria um pico inicial de incerta data e, após um tempo que não se podia precisar, a temida curva de ascensão se estabilizaria e depois cairia – ainda assim, com a probabilidade de que sofreríamos novas ondas virais. Nesse complexo panorama, tem-se ainda de considerar a enorme diversidade social e econômica dos brasileiros: não apenas cada estado, mas cada região de cada estado apresentava seus próprios panoramas de contágio, crescimento de curvas, gravidade e subnotificação de casos.

Entretanto, a disjunção de práticas discursivas entre diversas instâncias governamentais, ocasionando até mesmo a substituição de dois ministros médicos em 2020, fez com que as pessoas passassem a não mais contar com os momentos de informação que os pronunciamentos de fim de tarde do então ministro Luiz Henrique Mandetta e sua equipe ofereciam. Tais trocas de ministros, além da enorme repercussão negativa e do desagrado político e social causado, tiveram como efeito uma alteração cabal na conduta e, por consequência, na repercussão da pandemia no Brasil. Com a chegada do segundo ministro da saúde, foi trocada não apenas a equipe, mas também a maneira como se lidava com a questão: nas semanas posteriores a meados de abril, os dados pandêmicos passaram a demorar a ser divulgados, os horários das coletivas nem sempre eram seguidos à risca, e as famosas curvas e gráficos que, até então, eram exibidos perderam o protagonismo. Posteriormente, com um ministro da saúde que não pertencia à área médica, os dados diários passaram a sofrer atrasos na divulgação, passando para as sete ou oito da noite e, depois, para as dez.

A digressão anterior serve para ilustrar o cenário tumultuado e polifônico em que o covid-19 passou a ganhar forma tanto na mídia quanto no imaginário das pessoas. Toda interpretação que se faz se dá a partir de e entre signos – por exemplo, os signos midiáticos, os da sociedade em sentido amplo, os de um sujeito a outro etc., e isso ocorre mediante a produção de cadeias sígnicas chamadas semioses. Uma semiose, pois, é uma rede de signos interminável e aberta ao futuro.

Também se pode dizer que os signos têm um comportamento viral: uma das categorias sígnicas – os símbolos – cresce, se multiplica e sofre mutações. Pensamos e nos constituímos a partir dos signos, e é aqui que o real peirceano pode se encontrar com o lacaniano – mas ambos não são, de forma alguma, conceitualmente sinônimos. Em um e em outro pensador, dar conta da instância do real exige uma compreensão que dê sentido por meio das inferências do simbólico, ou seja, da linguagem. Para Peirce, o real pode ser investigado mediante a experiência comum; para Lacan, a linguagem é o que tenta rodear o real intangível e inominável, confluência que complemento com a seguinte citação:

> *Peirce afirma que o real seria aquilo que não é o que eventualmente dele pensamos, mas que permanece não afetado pelo que dele possamos pensar [...]. Nesse caso, o real é aquilo que existe independentemente do que pensamos a seu respeito [...] e, neste sentido, é ontologicamente independente dos nossos processos epistêmicos. (Franco; Borges, 2015, p. 71)*

Em semiótica, também se pode dizer do real como sendo independente do que cada qual possa opinar sobre ele; porém, se a ele se pode ter algum acesso, este se dá mediante os signos (Andacht, 2001, p. 41).

No real lacaniano, há algo que não cessa de não se escrever, pura repetição que insiste na latência de algo inabordável, indelével e do plano do contingencial. Mas se o real não pode ser apreendido, apenas imaginado e representado, isso só é possível a partir de um saber prévio. Em semiótica, diríamos que o acesso ao real se dá mediante os signos: "El universo de las cosas es opaco hasta que no se encuentra la semiosis apropiada para iluminarlas, y hasta que no conseguimos hacerlo desde el ángulo comunitario adecuado" (Andacht, 2001, p. 43).[1]

Pensemos como esse "fragmento do real" – tanto no sentido peirceano quanto lacaniano – chamado posteriormente de covid-19 passou a ganhar aparência, forma, *status* e valor. Por um lado, nota-se um medo de origem biológica em relação a uma pandemia – ligado à memória de sobrevivência da espécie –, mas, por outro, esse medo também possui um viés ontológico. Podemos pensar, nesse caso, em um tipo de recordação atávica dos tabus e dos interditos que ditaram as bases das sociedades ou, até mesmo bem antes, em medos mais primitivos que impulsionaram certas escolhas grupais feitas pelos hominídeos. É aí que podemos localizar o monstruoso, que pode vir

---

1 "O universo das coisas é opaco até que não se encontre a semiose apropriada para iluminá-las e até que não consigamos fazê-lo a partir do ângulo comunitário adequado" (tradução minha).

a ser representado como uma imagem, e de tal forma que ela parece possuir o decalque da Coisa, *das Ding* – conceito freudiano retomado por Jacques Lacan. Consideremos, ainda nesse escopo, que o "vírus midiatizado" na pandemia assumia também uma função de máscara: ele conseguia assustar o espectador com seus giros e seus espinhos iconográficos nos cromaquis.

Assim como os vírus, os signos sofrem mutações, por isso eu me pergunto se, neste momento do século XXI, os cânones clássicos em torno daquilo que vem a ser noticioso ainda têm a mesma validade de há trinta ou quarenta anos, por exemplo. Reflito sobre isso recordando os estudos do sociólogo Niklas Luhmann (2005, pp. 57-77). Em grande medida, creio que sim, e irei discutir esses aspectos adiante.

Aqui, ainda me atenho à força do irrepresentável, que se desdobra em redundâncias que indicam a ansiedade de significação que abate o sujeito. Esse aspecto inabordável do real – e tenha em mente que ainda estou empregando o termo no sentido semiótico-psicanalítico – provoca em nós jogos de decifração, muitos dos quais inúteis. Por exemplo, acabamos perambulando por cansativas tentativas de acerto que se reduziram a representações do vírus do covid-19 em ilustrações gigantescas, fotografáveis, até mesmo palpáveis, como os estandartes medievais de dragões ou as estatuárias teratomórficas da Antiguidade.

De imediato, penso que aquilo que é repetido incessantemente – e que, já por isso, traz algo de sintomático, conforme propôs Lacan – acaba por não prestar nenhum serviço efetivo à esfera do social, a não ser uma repetição momentaneamente distratora. Afinal, muita quantidade da mesma coisa e reiterações infindáveis demonstram apenas que não se tem como dar conta do real e, com isso, evidentemente, o mal-estar cultural se torna magnificado.

A isso temos o agravante que já mencionei: o enclausuramento residencial, que gerou claustrofobia, impotência no agir e vulnerabilidade emocional. Os que pertenciam aos chamados "grupos de risco" (os maiores de 60 anos e as pessoas com determinadas comorbidades) eram ainda mais convocados a ficarem em casa. Na cidade de São Paulo, nos primeiros meses da pandemia, pessoas gritavam, das sacadas dos apartamentos e dos portões de suas residências, frases como "Fique em casa!" sempre que alguém ousava sair à noite, por exemplo. Logo tornou-se corrente uma anomalia semântica que os meios de comunicação batizaram de "novo normal", incongruente em si mesma, uma vez que o normal é justamente aquilo que não deveria ser claramente percebido. Se está frio, a pessoa coloca uma blusa para sair à rua – e isso é "o normal" na civilização há um bom tempo. Já ter de usar uma máscara de proteção sanitária, pelo menos para boa parte do planeta, não tem nada de normalidade. Por isso, o termo "nova normalidade" é antitético; nele, habita o medo do monstro, do *alien* que estava lá fora, invisível, ou que já poderia estar dentro como hospedeiro ardiloso.

Não se trata aqui, como já afirmei, de descontruir o discurso médico baseado na ciência. Claro, se a ordem é ficar em casa, usar álcool gel e máscaras e praticar o distanciamento social, todos devem fazê-lo, e aí também residiu um dos pomos da discórdia comportamental na pandemia do covid-19: pessoas tendem a não quererem ser iguais umas às outras. No início, as máscaras "massificavam". Logo, ditaram moda. Perante a morte, havia os que pagavam caro por uma máscara com pedrinhas preciosas cravejadas. É que, no Brasil, as elites desde sempre se recusaram a olhar para a pobreza e a aceitar a presença do racismo estrutural. Assim, ricos brancos usando máscaras genéricas na pandemia podiam não conseguir se diferenciar dos pobres, que também portavam máscaras. Portanto, chegamos a ver o surgimento de máscaras de grife ou com assinatura de *designers* enquanto milhares de pessoas estavam morrendo por conta da nova doença.

Ao terem de "contar" a grande novela trágica que era a pandemia, os meios de comunicação só poderiam fraquejar na representação do real, claro, uma vez que este nunca é totalmente representável. O real, em Lacan, será sempre mais forte do que as instâncias do imaginário e do simbólico. E esse fraquejar ou essa limitação representativa se revelou no que já mencionei: excessos de imagens fortes, tons de voz e performances jornalísticas muito dramáticos, algumas vezes quase ameaçadores. Sim, o perigo estava lá fora ou, parafraseando o título de uma das temporadas de *Arquivo X* (1993-2018), "a verdade estava lá fora". Mas qual verdade? A única: aquela que o real nos revela a nosso contragosto. Quando retornamos ao último ensino de Lacan, vamos encontrar tanto o significante quanto o significado na função de meros semblantes do real, uma vez que somos permeados pelo imaginário e pelas identificações. Esta lição lacaniana, para mim, está bem exemplificada na dificuldade de se lidar com o contingencial pandêmico. Repletos de imaginário e de identificação, queremos a "verdade" expressa, ansiamos por vê-la e identificá-la, mas o que encontramos é a desilusão. O próprio Lacan já afirmava que, se é impossível dizer toda a verdade, é justamente por conta dessa impossibilidade que a verdade tem algo a ver com o real (Lacan, 1973, p. 9).

Como um monstro aparece? Em muitos casos, pela via do icônico – e os maravilhosos painéis trípticos de Hieronymus Bosch no Museo del Prado nos mostram isso. Assim, dar forma ao que, em primeira instância, era amorfo, informe, inapreensível e imperceptível para a maior parte das pessoas trouxe consigo uma pressa representativa. Aliás, havia pressa em tudo quando a pandemia foi declarada, a exemplo de informar às pessoas infectadas que elas poderiam novamente contrair o vírus. O filósofo lacaniano e neomarxista Slavoj Žižek (2020) advertiu o mundo de pronto:

> *essa epidemia do coronavírus é uma espécie de ataque com a "técnica dos cinco pontos que explodem o coração" [em alusão ao filme Kill Bill volume 2]*[2] *a todo o sistema capitalista global – um sinal de que não podemos mais continuar tocando as coisas da mesma forma, que é necessária uma mudança radical.* (p. 43)

A mídia medusante

A cobertura midiática televisiva no Brasil parece ter incorrido em excessos e carências ao tratar das ameaçadoras notícias do irrepresentável e do formidável, uma vez que nada era suficiente para conter o avanço do vírus. Em primeiro lugar, analiso que a falta de uma abordagem semiótica específica para se apresentar o tema à população fez com que determinados veículos de mídia televisiva lançassem mão de uma linguagem muito parecida com aquela usada pelos países europeus mais infectados quando da chegada do vírus ao Brasil: tratava-se, portanto, de uma ênfase no aspecto catastrófico da pandemia, com exibição de reportagens com hospitais lotados, falta de leitos, de aparelhagens e de equipamentos de proteção individual (EPIs), assim como profissionais de saúde exauridos e visões extenuantes do macabro e da morte – estas, a meu ver, estão entre as piores das que foram divulgadas no país: fileiras de covas, caixões e corpos mortos.

Pode-se inferir que esse afã refletiu, por um lado, a dificuldade de se entender a complexidade do problema por parte das mídias televisivas nacionais e, por outro, agiu como um apelo desesperado dos profissionais da informação às pessoas, aos governos e às instituições que insistiam em ir contra o isolamento social. Também, em certos veículos, houve algo de sensacionalista com vista ao aumento das audiências, e a evidência disso é que a disputa entre os canais de TV que

---

2 *Kill Bill Volume 2*, Quentin Tarantino, 2004.

tinham programas jornalísticos se tornou ainda mais acirrada: quem conseguia veicular as imagens mais trágicas e mórbidas acreditava conseguir a atenção de um público maior.

Assim, das imagens assustadoras da Itália e da Espanha que nos chegavam no mês de março de 2020, o Brasil passou, nos meses de abril e maio do mesmo ano, a exibir e a buscar esse mesmo tipo de gozo mortífero,[3] ou seja, a superexposição midiática da morte. Como afirmei, esse formato de abordagem foi copiado do que já vinha sendo feito na Europa naquele mesmo ano e adaptado ao nosso país.

Para muitos, a sensação era a de que uma enorme praga estava se abatendo país a país, quase como punição divina planetária. Essa, inclusive, foi a tônica de muitas pseudo-hipóteses conspiratório-religiosas que circulavam em mídias paralelas e não oficiais.

Em meio à seriedade sanitária, que exigia a reclusão, surgiu um medo bem antigo em muitas pessoas: aquele vinculado às coisas ruins que o próprio ar nos poderia trazer. Isso provavelmente remonta à época da pseudoteoria dos miasmas, a qual já foi comentada neste livro. No século XVII, os médicos, ainda desconhecedores das descobertas microbianas, supunham que problemas de saúde provinham de odores pestilentos da matéria orgânica em decomposição nos solos e lençóis freáticos. Um tal embasamento tinha origem inclusive anterior, na época medieval, quando também era pensamento usual que os ventos podiam trazer a peste. Resquícios dessa ideia permanecem em nossa gente do interior quando se diz, por exemplo, que o vento e o frio trazem a gripe e o resfriado. Nas vilas da época colonial mineira, as casas eram construídas grudadas umas às outras não apenas em decorrência da pobreza, que obrigava as pessoas a aproveitarem as paredes dos vizinhos mutuamente, mas também para se evitar as temíveis "correntes de ar".

Um dos médicos mais importantes a desconfiarem da hipótese miasmática foi o inglês John Snow, que, mediante uma análise

3 Aqui, o emprego de "gozo" é na acepção lacaniana.

empírica, e mesmo antes do anteparo das pesquisas microbianas, colocou de lado a ideia da transmissão do cólera e da peste negra por conta de "ar viciado" para então verificar a rede de saneamento básico de Londres: ele defendia, em um artigo de 1849, que o cólera era transmitido pela água. Seis anos depois, Snow fez uma publicação atualizada de seu estudo a partir da rede de abastecimento de água do bairro do Soho e da epidemia de cólera de 1854. Ele localizou a fonte do problema na bomba de água de um poço nas proximidades de uma fossa fecal mal isolada. A bomba foi desativada em seguida (Steven, 2008).

Evidentemente – e quero reforçar isso uma vez mais, ainda que já o tenha dito no início deste trabalho –, na pandemia do covid-19 estava-se lidando com uma questão sanitária grave em todo o mundo, e as medidas de restrição de deslocamentos, de evitação de aglomerações e de proteção individual por meio de máscaras, água e sabão e uso de álcool gel eram recursos preciosos para se tentar conter o avanço dessa variante do coronavírus. O que discuto aqui é a maneira como imagens fortes foram apresentadas ao telespectador, alavancando o gozo com o medo: medo de sair de casa, de se contaminar, de adoecer e necessitar de atendimento médico, de morrer, de aumentar a violência nas ruas, de faltarem alimentos e remédios. Medo do outro e, também, de uma "outra" Coisa.

Teria sido possível outra abordagem midiática para os eventos pandêmicos? Sim, pois as semioses se dão em aberto e ao infinito, como já afirmei. Certamente, haveria abordagens mais eficientes, que, por exemplo, salientassem mais o aspecto educacional das medidas a serem tomadas. Não se pode negar que as versões midiáticas são sempre o resultado de escolhas feitas a partir de reuniões de pauta, entrevistas, tomadas, enquadramentos e angulações de câmera, *design* de infografias, tons de voz etc. Houve grande ênfase nos aspectos profiláticos, quase sempre quando médicos especialistas davam entrevistas. Boa parte das notícias era produzida por jornalistas comentaristas que, rodeando um tempo morto – ou seja, sem grandes novidades –, sobrecarregavam o telespectador com *lives* cheias de problemas de conexão, quase sempre em torno do apelo ao aspecto mortal da desgraça.

Por fim, ao cabo de algumas semanas, ainda nos primeiros meses de 2020, as entrevistas médicas, como tudo o mais, se tornaram repetitivas. Os canais de TV sem programação atualizada que não fosse a jornalística passaram a exibir programas de arquivo, em uma espécie de culto saudosista de uma época em que éramos felizes e não sabíamos: jogos de futebol, shows, vitórias e conquistas estavam em alta nas exibições. Era como se o "mundo da pandemia" nada pudesse nos oferecer de bom. O efeito desse retorno do passado também não foi de todo positivo para o estado mental das pessoas.

Volto ao aspecto midiático: repetições são um elemento importante na análise que aqui faço. Os programas jornalísticos se ativeram, muitas e muitas vezes, ao redundante: em primeiro lugar, porque o período pandêmico era, em praticamente todo o planeta, uma espécie de presente contínuo. As informações tendiam a ser negativas e todas de uma mesma ordem. Em segundo lugar, o excesso de repetições não deixava de expressar a enorme dificuldade de se sair da "Coisa pandêmica" para se entrar em outras temáticas. Os bons documentários ficaram engavetados pelos canais noticiosos ou estavam apenas disponíveis nas plataformas para assinantes. Boa parte da população foi represada pela Coisa medusante que não saía das telas – o real emergia como morte: pulava-se de um canal a outro com o controle remoto, mas as imagens eram não somente de mesma tônica, mas praticamente as mesmas.

Mais do mesmo, mais gozar: o mundo humano mergulhou no mal-estar da cultura como nunca se viu neste século, e nós, enclausurados em nossas casas – isso pensando naqueles que as possuíam, pois boa parcela da população não tinha condições de fazê-lo –, invejávamos os outros animais e a "natureza", de forma geral, os quais pareciam se regenerar e invadir os espaços que antes eram domínio do humano. Permanecemos, contudo, com as mesmas dicotomias em nosso zoológico às avessas, captando nas telas dos celulares esquilos, lobos, alces, onças, capivaras, raposas, golfinhos, baleias e águas-vivas que se espalhavam tranquilamente pelos espaços urbanos. A "natureza" – diziam por toda parte – se recobrava, retomava seu lugar – como se dela tivéssemos sido desde sempre apartados. A velha dicotomia natureza x civilização, mesmo sabendo que um vírus faz parte da natureza tanto quanto nós e que a cultura não é exclusividade *sapiens* na acepção semiótica que estou aqui adotando – a ecossemiótica.

Ficamos duramente encapsulados também pela incapacidade de desenvolvermos uma reflexão mais pessoal, mediada pelo tempo e que nos permitisse balizar nossas ações a partir das informações epidemiológicas. Ao contrário, deixamo-nos seduzir pela sereia que o tempo todo cantava réquiens nos canais de TV. Foi uma pletora, uma avalanche, um bombardeio informacional tão intenso e jamais visto que dele não conseguíamos nos desvencilhar. Os olhos gorgôneos estavam lá: nas imagens – e sobretudo nelas –, coroadas pelo tom dramático da voz de muitos jornalistas, pela pantomima corporal de comentaristas e, notadamente, pelas manchetes que circulavam da direita para a esquerda na parte inferior de canais dedicados às notícias. Não eram apenas frases resumidas, mas, como de praxe, microenunciações, variadas vezes desprovidas de verbo e com erros de digitação. A partir do pronunciamento de um médico, de um político ou de um pesquisador, isolava-se uma determinada expressão e, assim, esta se tornava alarmante, às vezes descontextualizada e até mesmo sem fonte clara.

Não havia mais como amenizar o estado de espírito tumultuado depois de horas com notícias pesadas, e não seria uma novela reprisada que conseguiria fazê-lo. Sabíamos que o estado de coisas era ruim, e isso nos era lembrado e reforçado o tempo todo. O próprio fato de canais fechados terem sido liberados para distraírem os telespectadores era indício da anormalidade e da tragédia que se escondia por detrás da "generosidade" dos provedores: bastava apertar a tecla e cair num canal de notícia. Ou seja, nada nos distrairia daquilo que todos queriam olhar. A primazia do escópico e o império cruel das imagens foram extremamente vitoriosos na pandemia.

Mas o que a redundância das imagens faz em nós, sobretudo das que apelam ao trágico? Se, inicialmente, esperava-se que tivessem um efeito profilático, com o tempo, as pessoas tendiam a passar a evitá-las e a negá-las; do contrário, aqueles encadeamentos macabros teriam tido um efeito enorme para que as pessoas mantivessem a reclusão em seus lares – o que não foi obtido, ao menos somente por conta do imagético televisionado. Em acréscimo, temos de lembrar que a redundância tem forte sentido para a psicanálise e para a semiótica peirceana.

Os olhos da escuridão

Como já discuti, no final de 2019, assim que surgiu a nova doença respiratória na China e que depois seria denominada covid-19, as especulações sensacionalistas se espalharam pelo planeta, somadas a uma onda de preconceito étnico: os chineses, de imediato, foram vistos como responsáveis pelo vírus, o qual popularmente foi chamado de "vírus chinês" por algum tempo. Junto a uma avalanche de *fake news* e falsas hipóteses conspiratórias e futurológicas, ficou bem conhecida aquela em torno do livro *The eyes of darkness* (*Os olhos da escuridão*), de Dean Koontz, que, ao contrário do que se espalhava nas redes sociais, foi um autor que não previu nada sobre a pandemia do covid. Afinal, a ficção não tem esse poder de previsibilidade, por mais que os artistas possam intuir sobre os passos que a humanidade costuma vir a dar.

O livro foi publicado em 1981 e seu enredo tratava de um vírus produzido em laboratório, capaz de afetar os pulmões e as vias respiratórias dos seres humanos. Na edição de 1989, existe um termo, "Wuhan-400", denominação para o vírus fictício que teria surgido na China. A semelhança entre ficção e realidade, porém, termina aqui, pois, na primeira edição, a de 1981, a arma biológica se chamava "Gorki-400", em referência a uma localidade russa, e o vírus teria sido desenvolvido pelos soviéticos. Depois é que seu nome foi mudado por conta do fim da Guerra Fria.

No início de 2020, havia uma suposta página desse livro circulando pela internet, na qual era possível ler o seguinte: "In around 2020 a severe pneumonia-like illness will spread throughout the globe, attacking the lungs and the bronchial tubes and resisting all known treatments".[4] Porém, tal página não pertencia ao livro *The eyes of darkness*, mas a *End of days: predictions and prophecies about the end of the world*, de 2008, de autoria da americana Sylvia Browne, que se apresentava como médium.

O parágrafo completo que constava na página em questão era o seguinte: "In around 2020 a severe pneumonia-like illness will spread throughout the globe, attacking the lungs and the bronchial tubes and resisting all known treatments. Almost more baffling than the illness itself will be the fact that it will suddenly vanish as quickly as it arrived, attack again ten years later, and then disappear completely".[5]

Sylvia Browne aparecia em programas detetivescos sensacionalistas e fez várias previsões impactantes que nunca ocorreram. Por

---

4 "Por volta de 2020, uma doença grave parecida com a pneumonia se espalhará por todo o globo, atacando os pulmões e brônquios e resistindo a todos os tratamentos conhecidos" (tradução minha). Cf. Reuters Staff (2020).

5 "Por volta de 2020, uma doença grave parecida com pneumonia se espalhará por todo o globo, atacando os pulmões e brônquios e resistindo a todos os tratamentos conhecidos. Quase mais surpreendente do que a própria doença será o fato de que ela repentinamente desaparecerá da mesma maneira rápida como chegou, atacando novamente dez anos mais tarde para então desaparecer completamente" (tradução minha). Cf. Radford (2020).

exemplo, em 2002, ela informou aos pais de um garoto de 11 anos que ele havia sido sequestrado e morto por um homem negro e hispânico com cabelo rastafári. O garoto foi encontrado vivo em 2007. Seu sequestrador era um homem caucasiano de cabelos curtos. Em 2004, Browne disse a uma mãe que a filha desaparecida não estaria mais viva, pois o corpo teria se afogado. Disse até mesmo que havia tido uma visão da jaqueta da garota em uma lata de lixo junto "ao DNA". A garota raptada foi encontrada viva em 2013.

8. Redundâncias na comunicação

No pandemônio semiótico e midiático, tudo se torna paliativo, pois um monstro muitas vezes não tem medida definida: ele se mostra para mais ou para menos. No século XVII, o poeta inglês John Milton, em seu livro *Paraíso perdido*, chamava de *Pandemonium* (do grego *pan + daimon*) o palácio que está no primeiro capítulo; nele, todos os demônios se reuniam, sob a liderança de Satanás, para gerenciarem o inferno. A palavra "pandemia" (*pan + demos*, de todo o povo) tem alguma similaridade fônica em língua portuguesa com a cidade satânica, mas a etimologia é outra. Ainda assim, quem vivenciou a pandemia do covid-19 no Brasil sentiu a força da palavra pandemônio: o alvoroço de informações e *fake news* deu a tônica do desespero.

Fundamentando-me na hipótese de *agenda setting* (formulada, entre outros, por Maxwell McCombs e Donald Shaw nos anos de 1970, cf. McCombs; Shaw, 1972; McCombs, 2006),[1] digo que a mídia, por vários meses, teve apenas duas agendas básicas: a pandemia (e seus

1 A hipótese do agendamento ou *agenda setting* propõe que tendemos a considerar mais importantes os assuntos veiculados com mais destaque na cobertura jornalística, e, por isso, passamos a considerá-los na ordem do dia em detrimento de outros, incluindo-os até mesmo em nossas conversações, debates e reflexões.

temas correlatos) e a política (e seus temas correlatos). Vimos que uma enfermidade pode assumir uma complexidade muito maior quando a ordem pública e a sanitária estão em jogo. Eram veículos de mídia bem-intencionados, na maioria das vezes, mas nem por isso deixo de caracterizá-los como ansiogênicos, despertadores de fobias e de hipocondrias. Alguns programas, jornalistas e comentaristas foram excessivamente alarmantes, tanto no tom da voz quanto na performance corporal, enquanto programas vespertinos da mídia sensacionalista da TV aberta amenizavam ou negavam o problema, ou, ainda, distraíam o telespectador com notícias alienantes.

O sociólogo alemão Niklas Luhmann propôs que os meios de comunicação clássicos funcionariam, de certa maneira, como um sistema autopoiético, fechado em si mesmo, e que necessitaria de certas estratégias para continuar existindo (Luhmann, 2005, pp. 57-62). Para o teórico, era importante a noção dos seguintes "seletores para notícias":

a) a surpresa, reforçada pela descontinuidade: a informação tem de ser nova e as repetições não são desejadas; caso haja a necessidade de se repetir algo, isso tem de ser feito com novas vestimentas, sempre criativas e impactantes;

b) conflitos têm predileção;

c) quantidades atraem a atenção, pois são informativas (e, de certa forma, passam mais credibilidade matemática e estatística). E quanto mais compacto local e cronologicamente se torna um evento, mais a mídia precisa se apoiar em dados numéricos. Por exemplo: muitos mortos em uma epidemia; grande perda de dinheiro em um ato de corrupção política;

d) relevância local, para a qual Luhmann dá o seguinte exemplo:

> *O fato de um cão ter mordido o carteiro só pode ser divulgado como notícia num âmbito local muito estreito. Para atingir*

> *círculos mais distantes, é preciso que toda uma matilha de cães tenha estraçalhado um carteiro e mesmo isso não seria noticiado em Berlim, se a coisa ocorreu em Bombaim. A distância precisa ser compensada pela gravidade da informação ou pela estranheza, ou pelo elemento exótico.* (pp. 59-60)

e) transgressões à norma (morais, do direito, do politicamente correto), e aqui entram os escândalos de várias ordens;

f) exigência de atualidade;

g) manifestação de opiniões.

Todos os seletores anteriormente mencionados se efetivam ainda mais pelo fato de serem determinados por organizações midiáticas que se preocupam com a seleção e a criação de rotinas noticiosas.

No geral, a atuação midiática televisiva no Brasil durante a pandemia adotou uma encenação de construção noticiosa que buscou não apenas informar, mas também tornar o telespectador cativo, a fim de assegurar a audiência – desde sempre, um dos objetivos explícitos dos meios de comunicação. Com o passar do tempo, porém, as chamadas dos plantões de notícias, as *breaknews* – notícias de última hora – e as tarjas vermelhas com a palavra "urgente" no alto das telas não cumpririam mais o efeito desejado. No desfile de horrores que marcou a agenda midiática do período pandêmico, o mal-estar do telespectador aumentou tão consideravelmente que parte da audiência passou a buscar paliativos ou simplesmente a evitar os programas jornalísticos. Pode-se afirmar que houve, muitas vezes, uma tática do tipo "morde e assopra", a qual sempre corre o risco de testar os limites emocionais de quem está assistindo. Por exemplo: após uma sequência de notícias trágicas em torno do covid-19, era comum apresentarem uma informação mais amena, como o possível desenvolvimento de uma vacina, ou, ainda, a presença da solidariedade empresarial ou social para populações de risco.

Por um lado, as mídias tendem a lidar com temas urgentes e sérios a partir de um cabedal de imagens fortes, o que parece funcionar quase como uma espécie de lei na economia interna de edições jornalísticas. E se a agenda específica do covid-19 já era intensa e muito mesclada, a ela se somava a agenda política que, durante o dia todo, apresentava um desfile de incongruências e desacordos em várias instâncias governamentais em relação à crise sanitária.

A consequência disso é que, em pouco tempo, dizia-se pelas redes sociais que as pessoas não mais aguentavam ligar a televisão para se informar. Nenhuma notícia amena trazia alívio. E como um vírus, por si só, não alcança o campo da visão humana, quando esse se transforma em causador de uma pandemia acaba "ganhando vida" por meio dos infográficos, desenhos, fundos coloridos, tabelas e curvas que preenchiam as telas, como já discuti. Junto a isso, a mídia entrou também com as racionalizações matemáticas e estatísticas – muitas das quais falhas – para o inabordável. Não raro, matemáticos e estatísticos eram convidados a apresentar suas hipóteses de subida e descida de curvas de contágio.

A era das lives

Muitas vezes, após exaurido emocionalmente, o telespectador vagava entre versões compactas de novelas já vistas, filmes e séries nos *streamings* ou *lives* de cantores da moda. E, justamente com as *lives*, as pessoas passaram a aparecer cada vez mais nos diversos aplicativos e suportes voltados a encontros, debates, diálogos, aulas e cursos. Ainda que muitas das *lives* fossem a única alternativa para que determinados projetos fossem continuados ou para que familiares pudessem se ver uns aos outros, por outro lado, houve a criação de uma espécie de mundo paralelo virtual – incapaz de substituir o que tínhamos antes –, no qual cabeças sem corpos e rostos improvisados, recolhidos na intimidade de seus lares, se expandiam para outras casas falando de tudo e sobre tudo.

As *lives* popularizaram também uma estética de estranhamento, consequência do amadorismo para com a tecnologia e da pressa com que as pessoas se viam incitadas a falar, a exemplo de câmeras mal colocadas, iluminação ruim, ruídos de fundo, narizes, olhos e orelhas em close, semblantes descabelados, vozes entrecortadas e movimentos congelados por conexões ruins.

Parte IV
Quando será a próxima epidemia?

Podemos pensar em um modelo de disseminação de doenças infecciosas que ficou explícito no decorrer desta obra: o sedentarismo proveniente da agropecuária – solidificada no Neolítico por certo modelo civilizatório que, ainda que não exclusivo, parece ter sido majoritário em diversos povos –, facilitou a proliferação de muitas gerações de uma mesma espécie (como galinhas, vacas, porcos, ovelhas e cabras), criadas em espaços cada vez mais reduzidos, o que facilita enormemente mutações virais. Durante e após a Revolução Industrial, o confinamento de animais se tornou ainda mais intenso por conta das carnes processadas, da invenção dos enlatados, das técnicas de congelamento e do aumento da população mundial.

As megalópoles da era contemporânea e a devastação dos ecossistemas, ocasionando a invasão de nichos particulares de espécies que funcionam como reservatórios de agentes infecciosos, também se somam ao cenário trágico que presenciamos nesses tempos de Antropoceno. Esse contexto urbano superpovoado e socialmente desigual está demarcado pela falta de condições sanitárias e de assistência médica adequadas a boa parte da população do planeta. Além disso, as crescentes ondas de grupos reacionários e negacionistas (movimentos antivacinas e pró-terraplanismo, por exemplo), somadas aos altos índices de violência e à ascensão de governos de extrema direita daqui e dali em todo o orbe – que apregoam o armamento, a exclusão de direitos humanos, a segregação étnica, o preconceito e o racismo e, por outro lado, difamam a educação, a ciência e as artes – também facilitam a disseminação de epidemias e pandemias. Um problema sanitário de grande monta evidentemente conta com o fator humano por trás.

Em geral, uma pandemia tende a caminhar com a escassez de recursos humanos, médicos e éticos. Evidentemente, há vários outros eventos que podem impactar nosso planeta: um asteroide (de remota possibilidade), a temida guerra nuclear (sempre uma ameaça em potencial) e as alterações climáticas (cada vez mais irreversíveis). Entretanto, à complexidade do Antropoceno adiciona-se o risco latente, possível e iminente de não apenas uma, mas de várias epidemias e pandemias em um período não muito longo. E uma pandemia é, sem dúvida, um estado de guerra contra um agente invisível. Porém, esse tipo de ameaça, ao contrário de outras, nunca foi devidamente levado a sério. Prevenir uma epidemia e uma pandemia não é apenas uma questão sanitária, mas também educacional e ética.

Uma série de advertências sobre possíveis pandemias têm sido feitas por cientistas desde o século XX. A mais intensa pandemia de que temos notícias foi, sem dúvida, aquela injustamente chamada de "gripe espanhola" – a da *influenza* –, que provavelmente surgiu em 1918 entre militares dos Estados Unidos que se preparavam para lutar na Primeira Guerra, e que veio a matar, segundo estatísticas que variam muito, de 40 a 100 milhões de pessoas em todo o globo (cf. sobre a gripe espanhola Barry, 2004; 2020), conforme já comentei.

Além dessa, tivemos outras pandemias respiratórias muito significativas: em 1957, a *influenza* matou um milhão e meio de pessoas e, em 1968, um milhão. Em 1997 e, posteriormente, em 2003, a gripe aviária H5N1 fez 861 doentes e levou a vida de 455. Ainda em 2003, a SARS, primeira pandemia de coronavírus no mundo, que surgiu no Sul da China, contagiou 8.096 pessoas e fez 744 mortes; em 2009, a *influenza* H1N1 causou 284 mil mortes no planeta. A temida MERS, também causada por coronavírus, inicialmente surgiu na Arábia Saudita em 2012 e contagiou 2.494 pessoas e matou 858. O H5N1, a SARS e a MERS mostraram a importância de se controlar a transmissão viral de outros animais para nós, uma vez que nosso organismo não está tão preparado para enfrentar patógenos provenientes de outras espécies (Shah, 2010; 2016).

Em 1999, a OMS desenvolveu um planejamento para controle pandêmico e, em 2005, foi estabelecida uma série de medidas que os governos de todo o mundo já deveriam estar tomando desde então. Em 2017, o Banco Mundial advertiu sobre as mutações aleatórias que os micróbios sofrem e, no mesmo ano, a revista *Time* assinalava tanto a possibilidade de uma pandemia próxima quanto a falta de investimentos preventivos nos Estados Unidos. O surto de ebola na África Ocidental, em 2014, demonstrou ao mundo a rapidez com que as doenças infecciosas podem se espalhar, e o covid-19 ensinou uma lição dura: todo um planeta não pode ser fiar a um único país – como foi feito com a China – para obter cadeias de suprimentos médicos quando esse mesmo país estiver sob uma epidemia ou pandemia.

Em maio de 2018, pesquisadores da John Hopkins University, em Baltimore, fizeram um experimento chamado Clade X, um jogo de guerra e simulação que estudava o que aconteceria se um agente pandêmico de alta capacidade infecciosa se espalhasse pelo mundo (Clade X, 2020). A conclusão a que chegaram é que não estaríamos preparados para ele: certas doenças se espalham de maneira muito rápida; as vacinas, em geral, demoram a ser criadas, até mesmo por conta de seus numerosos protocolos de segurança; e os sistemas políticos de diferentes países poderiam atrapalhar em muito o controle sanitário. Esse experimento de certa forma soou como uma advertência que, entretanto, não foi escutada.

Michael Osterholm e outros pesquisadores (Osterholm; Schwartz, 2001; Osterholm; Olshaker, 2020a, 2020b) sempre comentavam que uma pandemia estava a caminho. Seus estudos levaram em consideração os recentes surtos e epidemias causados por vários agentes patógenos no mundo e, sobretudo, a primeira onda, a segunda onda e os possíveis picos que poderiam surgir em uma situação em que os dados provenientes da saúde pública seriam os mais necessários e confiáveis para o controle de uma dada doença. E o problema da dependência por insumos médicos provenientes da China e da Índia já não era novidade para os governos (McKenna, 2018).

Precisamos pensar a respeito de como a mobilidade das espécies impacta sobre a disseminação de patógenos. Os hominídeos sempre foram migrantes, muitas vezes em enormes massas. As alterações que provocamos no planeta também têm repercussão em espécies nativas e autóctones, que mudam de ambiente e passam a buscar espaços urbanos, por exemplo – e aqui cabe a informação de que praticamente todas as doenças infecciosas se originaram da fauna (sobre esse tópico específico das migrações, cf. Shah, 2020).

Em 1520, os europeus, avançando sobre os povos mexicanos autóctones, levaram até eles um vírus mortal: o da varíola. As pandemias sempre expuseram as fraquezas dos sistemas políticos e econômicos, do mercantilismo ao neoliberalismo. Epidemias têm relação direta com vários fatores: superpovoação do planeta, impactos ambientais variados, alterações climáticas, globalização de bens e mercadorias, pessoas em um ir e vir incessante de um lugar a outro e invasão de florestas em busca de novos locais de exploração econômica, muitas vezes de forma não regulamentada. Nosso contato cada vez maior com animais silvestres propicia o espalhamento de zoonoses (60% das doenças infecciosas são de origem zoonótica; 75% dos patógenos de todas as afecções infecciosas se devem a vírus que vêm dos animais para os humanos). Além disso, futuras missões espaciais podem facilitar o intercâmbio virótico e bacteriano entre outros orbes e a Terra.

Rochas trazidas de fora de nosso planeta podem conter patógenos. Antes, as doenças levavam de quatro a cinco anos para se espalhar entre os países; agora, é questão de dias e até mesmo horas, de onde vem a necessidade de modelos matemáticos eficientes.

No final de tudo, podemos dizer que as pandemias e as epidemias têm relação com a maneira como lidamos com as pessoas, os objetos, os demais seres da biota, os relevos, as vegetações, o clima. Pandemias e epidemias dizem sobre nossas novas economias mortíferas de gozo. Já não cabe apenas ao Estado e a outras instâncias desenvolverem seus papéis. Nós mesmos temos de agir com autodisciplina e ética para com nosso planeta. Dessa maneira, não só amenizaremos os impactos do Antropoceno para futuras gerações, como preservaremos vidas. E cuidar de vidas deveria ser sempre o mais importante em nossas discussões.

Referências bibliográficas

AGAMBEN, Giorgio. *Novas reflexões sobre a pandemia*. abr. 2020a. Disponível em: https://jornalggn.com.br/noticia/novas-reflexoes-por-giorgio-agamben/. Acesso em: 26 abr. 2020.

AGAMBEN, Giorgio. *Nuove riflessioni*: Da un'intervista uscita oggi su un quotidiano italiano. abr. 2020b. Disponível em: https://www.quodlibet.it/giorgio-agamben-nuove-riflessioni. Acesso em: 26 abr. 2020.

ANDACHT, Fernando. *El nada discreto desencanto de la unanimidad*. jun. 2020. Disponível em: https://extramurosrevista.org/el-nada-discreto-desencanto-de-la-unanimidad/. Acesso em: 6 jun. 2020.

ANDACHT, Fernando. *Un camino indisciplinario hacia la comunicación*: medios masivos y semiótica. Bogotá: Centro Editorial Javeriano, 2001.

ANDERSEN, Kristian G. *et al.* The proximal origin of SARS-CoV-2. *Nature Medicine*, v. 26, pp. 450-452, mar. 2020. Disponível em: https://www.nature.com/articles/s41591-020-0820-9. Acesso em: 5 jul. 2020.

ARSUAGA, Juan Luis. *Vida, la gran historia*. Barcelona: Planeta, 2019.

ASSIS, Machado de. *A mão e a luva*. São Paulo: Ática, 1988.

ASSIS, Machado de. *Memórias póstumas de Brás Cubas*. São Paulo: Ática, 1987.

ASSIS, Machado de. *Quincas Borba*. São Paulo: Cultrix, 1963.

AZEVEDO, Aloísio. *Casa de pensão*. São Paulo: Ática, 1979.

AZEVEDO, Aloísio. *Demônios*. São Paulo: WMF Martins Fontes, 2021.

BAKER, Frank. *Os pássaros*. São Paulo: DarkSide, 2016.

BAKER, Sinéad. *South Korea says recovered coronavirus patients who tested positive again did not relapse*: Tests picked up 'dead virus fragments.' abr. 2020. Disponível em: https://www.businessinsider.com/coronavirus-south-korean-reactivated-cases-not-reinfected-experts-2020-4. Acesso em: 30 abr. 2020.

BARRY, John M. *A grande gripe*: a história da gripe espanhola, a pandemia mais mortal de todos os tempos. Rio de Janeiro: Intrínseca, 2020.

BARRY, John M. *The great influenza*: the story of the deadliest pandemic in History. Nova York: Penguin Books, 2004.

BASSOLS, Miquel. La loi de la nature et le réel sans loi. *Lacan Quotidien*, n. 875, mar. 2020. Disponível em: https://www.lacanquotidien.fr/blog/wp-content/uploads/2020/03/LQ-875.pdf. Acesso em: 13 jul. 2020.

BATTILORO, Ilaria. *The archaeology of Lucanian cult places*: Fourth Century BC to the Early Imperial Age. Abingdon: Routledge, 2017.

BAUMAN, Zygmunt. *O mal-estar da pós-modernidade*. Rio de Janeiro: Zahar, 2022.

BBC. *Diretor da OMS chora em apelo contra covid-19*: "Por que é tão difícil para humanos se unirem?". jul. 2020. Disponível em: https://g1.globo.com/bemestar/coronavirus/noticia/2020/07/10/diretor-da-oms-chora-em-apelo-contra-covid-19-por-que-e-tao-dificil-para-humanos-se-unirem.ghtml. Acesso em: 11 jul. 2020.

BÍBLIA. *Bíblia Sagrada Nova Almeida atualizada (NAA)*. Barueri: Sociedade Bíblica do Brasil, 2018.

BIRNBAUM, Jean (org.). *De quoi avons-nous peur?* Paris: Gallimard, 2018.

BOCCACCIO, Giovanni. *O Decamerão*. Rio de Janeiro: Nova Fronteira, 2018.

BROUSSE, Marie-Hélène. *Trouver dans l'impasse même la force vive du désir*. mar. 2020. Disponível em: https://www.hebdo-blog.fr/trouver-limpasse-meme-force-vive-desir/. Acesso em: 13 jul. 2020.

BROWNE, Sylvia. *End of days:* predictions and prophecies about the end of the world. Nova York: Berkley Books, 2008.

CAMINHA, Adolfo. *A normalista*. São Paulo: Ática, 1982.

CAMINHA, Adolfo. *Bom-Crioulo*. São Paulo: Ática, 1983.

CARTER, Angela. Catarina Quebra-nozes. *In*: ______. *103 contos de fadas*. São Paulo: Companhia das Letras, 2007.

CASTRO, Ruy. *O anjo pornográfico*: a vida de Nelson Rodrigues. São Paulo: Companhia das Letras, 1992.

CLADE X. *A pandemic exercise*. [2020]. Disponível em: https://www.centerforhealthsecurity.org/our-work/events/2018_clade_x_exercise/clade-x-resources. Acesso em: 6 maio 2020.

CORDEIRO, Paula. *O histerismo da distopia paranoico-apocalíptica da inutilidade de (quase) tudo o que fazemos*: corona. mar. 2020. Disponível em: https://www.sabado.pt/opiniao/convidados/paula-cordeiro/detalhe/o-histerismo-da-distopia-paranoico-apocaliptica-da-inutilidade-de-quase-tudo-o-que-fazemos-corona. Acesso em: 13 jul. 2020.

DELUMEAU, Jean. Tipologia dos comportamentos coletivos em tempo de peste. *In*: ______. *História do medo no Ocidente*. São Paulo: Companhia das Letras, 2009.

DERRIDA, Jacques. *O animal que logo sou, (a seguir)*. São Paulo: Unesp, 2011.

DU MAURIER, Daphne. As aves. *In*: ______. *Beija-me outra vez, desconhecido*. Rio de Janeiro: Mérito, 1953.

ECO, Umberto. *A theory of semiotics*. Bloomington: Indiana University Press, 1976.

FOUCAULT, Michel. *História da loucura*. São Paulo: Perspectiva, 1978.

FRANCO, Juliana Rocha; BORGES, Priscila Monteiro. O real na filosofia de C. S. Peirce. *Teccogs: Revista Digital de Tecnologias Cognitivas*, TIDD/ PUC-SP, São Paulo, n. 12, pp. 66-91, jul-dez. 2015.

GRIMLEY, Naomi; CORNISH, Jack; STYLIANOU, Nassos. *Número real de mortes por covid no mundo pode ter chegado a 15 milhões, diz OMS*. maio 2022. Disponível em: https://www.bbc.com/portuguese/internacional-61332581. Acesso em: 26 de junho de 2024.

GUIMARÃES, Bernardo. *O garimpeiro*. São Paulo: Ática, 1980.

KOONTZ, Dean. *The eyes of darkness*. Nova York: Berkley Books, 2008.

KRUPOVIC, Mart; DOLJA, Valerian V.; KOONIN, Eugene V. Origin of viruses: primordial replicators recruiting capsids from hosts. *Nature Reviews Microbiology*, v. 17, n. 7, pp. 449-458, 2019.

KULL, Kalevi. Vegetative, animal, and cultural semiosis: the semiotic threshold zones. *Cognitive Semiotics*, ed. 4, pp. 8-27, primavera 2009. Disponível em: https://www.degruyter.com/view/journals/cogsem/4/Supplement/article-p8.xml. Acesso em: 5 jul. 2020.

LACAN, Jacques. *Télévision*. Paris: Seuil, 1973.

LAGROU, Els. *Nisun*: a vingança do povo morcego e o que ele pode nos ensinar sobre o novo coronavírus. abr. 2020. Disponível em: https://blogbvps.wordpress.com/2020/04/13/nisun-a-vinganca-do-povo-morcego-e-o-que-ele-pode-nos-ensinar-sobre-o-novo-corona-virus-por-els-lagrou/. Acesso em: 22 abr. 2020.

LAURENT, Éric. L'Autre qui n'existe pas et ses comités scientifiques. *Lacan Quotidien*, n. 874, mar. 2020a. Disponível em: https://www.lacanquotidien.fr/blog/wp-content/uploads/2020/03/LQ-874.pdf. Acesso em: 13 jul. 2020.

LAURENT, Éric. *Les biopolitiques de la pandémia et le corps, matière de l'angoisse*. jun. 2020. Disponível em: https://www.sectioncliniquenantes.fr/wp-content/uploads/2020/06/20-06-16-Eric-Laurent-Biopolitiques-et-pand%C3%A9mie.pdf. Acesso em: 26 jun. 2024.

LE ROY LADURIE, Emmanuel. *História dos camponeses franceses*: da Peste Negra à Revolução. v. 2. Rio de Janeiro: Civilização Brasileira, 2007.

LESNEY, Mark S. *SARS-CoV-2*: a força de um nome. mar. 2020. Disponível em: https://portugues.medscape.com/verartigo/6504523. Acesso em: 22 jul. 2020.

LEWIS, Sinclair. *Doutor Arrowsmith*. Barueri: Amarilys Editora, 2016.

LONDON, Jack. *A praga escarlate*. São Paulo: Conrad Editora do Brasil, 2003.

LÓPEZ, Patricia *et al*. *El Aleph*: el pensamiento científico, la mejor defensa ante lo covid-19. jun. 2020. Disponível em: https://www.gaceta.unam.mx/el-aleph-el-pensamiento-cientifico-la-mejor-defensa-ante-la-covid-19/. Acesso em: 13 jul. 2020.

LUHMANN, Niklas. *A realidade dos meios de comunicação*. São Paulo: Paulus, 2005.

MACEDO, Joaquim Manuel de Almeida. *A luneta mágica*. São Paulo: Ática, 1977.

MAHY, Brian W. J.; VAN REGENMORTEL, Marc H. V. (ed.). *Desk encyclopedia of general virology*. Cambridge: Academic Press, 2009.

MARGULIS, De Lynn; SCHWARTZ, Karlene. *Cinco reinos*. São Paulo: Guanabara Koogan, 2001.

MARQUES, Luiz. *A pandemia incide no ano mais importante da história da humanidade. Serão as próximas zoonoses gestadas no Brasil?* maio 2020. Disponível em: https://www.unicamp.br/unicamp/noticias/2020/05/05/pandemia-incide-no-ano-mais-importante-da-historia-da-humanidade-serao-proximas. Acesso em: 11 maio 2020.

McCOMBS, Maxwell E. *Estableciendo la agenda*: el impacto de los medios en la opinión pública y en el conocimiento. Madri: Paidós, 2006.

McCOMBS, Maxwell E.; SHAW, Donald L. The agenda-setting function of the mass media. *Public Opinion Quarterly*, v. 36, n. 2, pp. 176-187, 1972.

McKENNA, Maryn. *Medicine's long, thin supply chain*. mar. 2018. Disponível em: https://www.wired.com/story/medicines-long-thin-supply-chain/. Acesso em: 6 maio 2020.

MÉDICOS SEM FRONTEIRAS. *Doença de Chagas*. [202?]. Disponível em: https://www.msf.org.br/o-que-fazemos/atividades-medicas/doenca-de-chagas?utm_source=adwords_msf&utm_medium=&utm_campaign=doencas_geral_comunicacao&utm_content=_exclusao-saude_brasil_39923&gclid=CjwKCAjwx9_4BRAHEiwApAtoznqh55Uo6hzRx7wkNsavO-sQy_aQpA6UxLA_TL1aj4sBEa_2rRkBKhoCvZYQAvD_BwE. Acesso em: 22 jul. 2020.

MELLO E SOUZA, Laura de. *Desclassificados do ouro*: a pobreza mineira no século XVIII. Rio de Janeiro: Edições Graal, 1986.

MESSIAS, Adriano. *Cinema e Antropoceno*: novos sintomas do mal-estar na civilização. São Paulo: Blucher, 2023.

MESSIAS, Adriano. *Comunicação e Antropoceno*: os desafios do humano. São Paulo: Educ, 2019a.

MESSIAS, Adriano. *Psicanálise e neurociências*: um diálogo possível? São Paulo: Blucher, 2022a.

MESSIAS, Adriano. *Será a condição humana uma monstruosidade?* Barueri: Estação das Letras e Cores, 2019b.

MESSIAS, Adriano. *Todos os monstros da Terra*: bestiários do cinema e da literatura. Ed. revista e ampliada. São Paulo: Blucher, 2022b.

MILLER, Judith *et al*. *Germes*: as armas biológicas e a guerra secreta da América. Rio de Janeiro: Ediouro, 2002.

MILTON, John. *Paraíso perdido*. São Paulo: Editora 34, 2016.

MORONO, Yuki *et al*. Aerobic microbial life persists in oxic marine sediment as old as 101.5 million years. *Nature Communications*, v. 11, n. 3626, 2020. Disponível em: https://www.nature.com/articles/s41467-020-17330-1. Acesso em: 29 jul. 2020.

MOULIN, Anne Marie. O corpo diante da medicina. *In*: CORBIN, Alain; COURTINE, Jean-Jacques; VIGARELLO, Georges (orgs.). *História do corpo*. Petrópolis: Vozes, 2011.

NEAL, Gabler. *Vida, o filme*: como o entretenimento conquistou a realidade. São Paulo: Companhia das Letras, 1999.

NÖTH, Winfried. *Virus semiosis. A guest comment by Kalevi Kull, University of Tartu/ Estonia, Department of Semiotics*. jun. 2020. Disponível em: https://transobjeto.wordpress.com/2020/06/29/virus-semiosis/. Acesso em: 30 jun. 2020.

OPAS, Organização Pan-Americana da Saúde. *Menos de 10% das pessoas com Chagas recebem um diagnóstico*. abr. 2023. Disponível em: https://www.paho.org/pt/noticias/13-4-2023-menos-10-das-pessoas-com-chagas-recebem-um-diagnostico Acesso em: 2 jul. 2024.

OSTERHOLM, Michael; OLSHAKER, Mark. *Deadliest enemy*: our war against killer germs. Nova York: Hachette Group Book, 2020a.

OSTERHOLM, Michael; OLSHAKER, Mark. *Inimigo mortal*: nossa guerra contra os germes assassinos. São Paulo: Intrínseca, 2020b.

OSTERHOLM, Michael; SCHWARTZ, John. *Living terrors*: what America needs to know to survive to coming bioterrorist catastrophe. Nova York: Delta Publishing, 2001.

PAIVA, Manuel de Oliveira. Dona Guidinha do Poço. *In*: ______. *Obra completa*. Rio de Janeiro: Graphia Editorial, 1993.

PANÉ, Guiomar Huguet. *Grandes pandemias de la historia*. dez. 2020. Disponível em: https://historia.nationalgeographic.com.es/a/grandes-pandemias-historia_15178. Acesso em: 26 dez. 2022.

PAZ GAGO, José Maria. *Pensamiento viral y pandemia comunicativa*: el virus es el mensaje. abr. 2020. Disponível em: https://www.abc.es/cultura/abci-pensamiento-viral-y-pandemia-comunicativa-virus-mensaje-202004281515_noticia.html. Acesso em: 28 abr. 2020.

PINHEIRO, Chloé. *A peste bubônica pode voltar a ameaçar o mundo (e o Brasil)?* nov. 2019. Disponível em: https://saude.abril.com.br/blog/boa-pergunta/a-peste-bubonica-pode-voltar-a-ameacar-o-mundo-e-o-brasil/. Acesso em: 24 jun. 2020.

PLANCY, J. Collin de. *Dicionário infernal: repertório universal*. São Paulo: Editora Universidade de São Paulo; Brasília: Editora Universidade de Brasília; Rio de Janeiro: Arquivo Nacional, 2019.

PLOWRIGHT, Raina K. *et al*. Pathways to zoonotic spillover. *Nature reviews. Microbiology*, v. 15, n. 8, pp. 502-510, 2017. Disponível em: https://www.nature.com/articles/nrmicro.2017.45. Acesso em: 5 jul. 2020.

PRATS, Joan de Déu; PADILLA, Maria. *El gran llibre de les criatures fantàstiques de Catalunya*. Barcelona: Comanegra, 2017.

QUINTANA, Mario. *Apontamentos de história sobrenatural*. Rio de Janeiro: Objetiva, 2012.

RADFORD, Benjamin. *Sylvia Browne's Bogus Coronavirus Prophecies*. mar. 2020. Disponível em: https://centerforinquiry.org/blog/sylvia-brownes-bogus-coronavirus-prophecies/. Acesso em: 16 jan. 2023.

REUTERS Staff. *Partly false claim*: a 1981 book predicted the coronavirus 2019 outbreak. mar. 2020. Disponível em: https://www.reuters.com/article/uk-factcheck-coronavirus-koontz-book-idUSKCN20M19I. Acesso em: 16 jan. 2023.

ROSA, João Guimarães. Sarapalha. *In*: ______. *Sagarana*. Rio de Janeiro: Editora Nova Fronteira, 2001.

SANTAELLA, Lucia. Thomas A. Sebeok's strides across the semiotic thresholds. *In*: DANESI, Marcel (ed.). *The invention of global semiotics*: a collection of essays on the life and work of Thomas A. Sebeok. Toronto: Language, Media, and Education 20, 2001.

SCLIAR, Moacyr. *A paixão transformada*: história da medicina na literatura. São Paulo: Companhia das Letras, 1999.

SCLIAR, Moacyr. *Cenas médicas*: uma introdução à história da medicina. Porto Alegre: Artes e Ofícios, 2002.

SCLIAR, Moacyr. *Meu filho, o doutor*: medicina e judaísmo na história, na literatura – e no humor. Porto Alegre: Artmed, 2001.

SHAH, Sonia. *Pandemic*: tracking contagions, from cholera to ebola and beyond. Nova York: Picador, 2016.

SHAH, Sonia. *The fever*: how malaria has ruled humankind for 500,000 years. Nova York: Picador, 2010.

SHAH, Sonia. *The next great migration*: the beauty and terror of life on the move. Nova York: Bloomsbury Publishing, 2020.

SHIPANI, Andres. *The 'Ostrich Alliance'*: the leaders denying the coronavirus threat. Disponível em: https://www.ft.com/content/974dc9d2-77c1-4381-adcd-2f755333a36b. Acesso em: 26 jun. 2024.

SONTAG, Susan. *Doença como metáfora/Aids e suas metáforas*. São Paulo: Companhia da Letras, 2007.

STEVEN, Johnson. *O mapa fantasma*: como a luta de dois homens contra o cólera mudou o destino de nossas metrópoles. Rio de Janeiro: Zahar, 2008.

TELAROLLI JUNIOR, Rodolpho. *Epidemias no Brasil*: uma abordagem biológica e social. São Paulo: Moderna, 2012.

TODOROV, Tzvetan. *A conquista da América e a questão do outro*. São Paulo: Martins Fontes, 1988.

UJVARI, Stefan Cunha. *A história da humanidade contada pelos vírus, bactérias, parasitas e outros microrganismos...* São Paulo: Contexto, 2019.

UJVARI, Stefan Cunha. *Pandemias*: a humanidade em risco. São Paulo: Contexto, 2011.

VIVEIROS DE CASTRO, Eduardo. *A inconstância da alma selvagem e outros ensaios de antropologia*. São Paulo: Cosac Naify, 2002.

WALSH, Bryan. *The world is not ready for the next pandemic*. maio 2017. Disponível em: https://time.com/magazine/us/4766607/may-15th-2017-vol-189-no-18-u-s/. Acesso em: 6 maio 2020.

WELLS, H. G. *A guerra dos mundos*. São Paulo: Excelsior, 2021.

ŽIŽEK, Slavoj. *Bem-vindo ao deserto do real!* São Paulo: Boitempo, 2003.

ŽIŽEK, Slavoj. *Bem-vindo ao deserto do viral!* Coronavírus e a reinvenção do comunismo. mar. 2020. Disponível em: https://blogdaboitempo.com.br/2020/03/12/zizek-bem-vindo-ao-deserto-do-viral-coronavirus-e-a-reinvencao-do-comunismo/?fbclid=IwAR0919xuuleCClk75za010QK502nVQDYeVb2ISNmDTs4_EsHDPV7rP7wOHI. Acesso em: 13 mar. 2020.

Referências audiovisuais

Filmes

A forma da água (*The shape of water*, Guillermo del Toro, 2018)

A morta-viva (*I walked with a zombie*, Jacques Tourneur, 1943)

A noite dos mortos-vivos (*Night of the living dead*, George Romero, 1968)

Contágio (*Contagion*, Steven Soderbergh, 2011)

Epidemia (*Outbreak*, Wolfgang Petersen, 1995)

Extermínio (*28 days later*, Danny Boyle, 2002)

Extermínio 2 (*28 weeks later*, Juan Carlos Fresnadillo, 2007)

Kill Bill Volume 2 (Quentin Tarantino, 2004)

O enigma de Andrômeda (*The Andromeda strain*, Robert Wise, 1971)

O hospedeiro (*Gwoemul*, Bong Joon-ho, 2007)

O rei dos zumbis aka *Superstições diabólicas* (*King of zombies*, Jean Yarbrough, 1941)

Os doze macacos (*Twelve monkeys*, Terry Gilliam, 1995)

Os pássaros (*The birds*, Alfred Hitchcock, 1963)

Revolta dos zumbis (*Revolt of the zombies*, Victor Halperin, 1936)

Toc Toc (Vicente Villanueva, 2017)

Zumbi branco (*White zombie,* Victor Halperin e Edward Halperin, 1932)

Séries

Arquivo X (*The X-Files*, Chris Carter *et al.*, 1993-2018)

Hot zone (Brian Wayne Peterson, Kelly Souders, 2019)

The Andromeda strain (Robert Schenkkan, Michael Crichton, 2008)

GRÁFICA PAYM
Tel. [11] 4392-3344
paym@graficapaym.com.br